最高の学びを
生み出す
仕事術

高校教師の授業づくり

栗田正行 著

明治図書

はじめに

20年以上培ってきた知識・技術をもとに，
対面授業だからこそできることを考えたい。

　20年以上，私は塾や高校の教育現場で授業をしてきました。私が勤務していた塾では「授業は商品」という理念のもと，講師間でのロールプレイを通して研鑽を積んだ経験もあります。

　本書は，そのような経験を活かし，**対面授業がメインである高校教師に向けて書いた本**です。対面授業には，オンライン授業にはない，クラスを俯瞰できる利点や双方向性，ライブ感があります。それらのメリットを活かす術を網羅しました。

　本書では，次のようなことが学べます。

◎**教材選定をはじめ，生徒から信頼される授業設計**

◎**どの教科でも活かせる，授業スキル**

◎**課題やテストの作成，及び，事前事後の生徒対応**

　授業力とは継続力。日々の研鑽が1か月後，1年後，10年後のあなたの授業力をつくります。ありがたくも，この本を書かせていただいている私にも初任者の時代があったのです。

　今，あなたが本書を手に取ったのは，授業や教育活動について熱い思いを胸に秘めているからではないでしょうか。本書がその熱意をあなたの授業や教育活動に活かせる1冊となれば，これ以上，うれしいことはありません。

栗田正行

Contents

3章 指示と発問
―「簡潔さ」と「生徒の力」を大切にする

4章 板書
―「CHALK の法則」で板書が変わる

5章 ノート指導とグループ活動
―「高校」だからこそ，意識したいこと

1章

授業準備

―「生徒の実態」と
「教科書ベース」が
大原則

01 教材選定は「複眼」で行う

> **ココだけは押さえるポイント**
>
> **教材選定は「長期的な視野」をもつ**

「教科書」の当たり前を疑う

いきなりですが，質問です。

今，あなたが担当する教科・科目で使用している教科書はどのような経緯で選定されたものか，知っていますか。

もし，現在使用している教科書の選定基準がわからなければ，教科主任の先生や同教科の先生と話をしてみてください。

なぜ，こんなことをわざわざ書くのかというと，教科書は授業で用いる基本的な教材だからです。それだけに教科書選定には，しっかりと時間をかけたほうがよい，というのが私の考えです。

それぞれの学校事情にもよりますが，基本的に一度採択された教科書は，該当学年が卒業するまでの３年間は同じ教科書会社のものを使用するのが通例です。同じテーマについて学習するにしても，教科書会社によってアプローチの方法や取り扱い方は大きく異なります。内容の取捨選択についても，異なる点が多いでしょう。

また，教科書会社によっては，教科書にも難易度のグレードがあり，説明や例題，問題のレベルに違いがあります。

そのようなことをふまえ，教科の先生方で教科書選定をするときのポイントは2つあります。

■教科書選定のポイント① 生徒たちの実態に合っているか？

いくら素晴らしい教科書だとしても，目の前の生徒の理解度や実力と乖離しすぎているのであれば，学習効果は望めません。

■教科書選定のポイント② 先生方が指導しやすいか？

例題や問題の出題の仕方についても，教科書によっては癖があります。やはり，現場の先生方の声を聴くことが重要です。

私の勤務校では，毎年，教科会の際に時間を設け，次年度の使用教材について考えるようにしています。

「問題集」は教科書とセットで考える

教科書と同じくらい大切なのが，授業で使用する傍用問題集です。詳しくは後述しますが，私の中では，「教科書と傍用問題集は2つで1つ」くらいの認識です。

教科書で知識をインプットし，問題集を用いて知識をアウトプットする。

これが学習効率を高める，学びのゴールデンサイクルだと私は考えているからです。

基本的な考え方として，問題集は生徒が自分1人で演習できるようなものでなくてはなりません。そのためには，生徒たちの理解度や実力を鑑み，私たち教師側が目指すべき学力とのバランスを考えつつ，問題集のレベルを考えることになります。

02 問題集は「用途」を考える

 ココだけは押さえるポイント
....

問題集は「どう使うか」が重要

問題集選定は「用途」から考える

　ここでは，教科書の傍用問題集について考えます。学校によって事情はさまざまだと思いますが，毎年，次年度の教材選定の時期を設けるのが一般的でしょう。

　その際，各教科・科目で使用する教材を検討する時間を設け，次年度の教材発注のための連絡をするというのが一般的な流れだと思います。

　私が教材を検討する上で常に意識しているのは，**その問題集をどのように使うのか**ということです。

　授業中に補助教材として使用するのか。それとも，生徒の自主学習のために使用するのか。そのねらいはさまざまです。

　それぞれ用途によって，教材のレベルや種類を考えていくことになります。その問題集を授業中に使用することを目的とするのであれば，教科書とは異なる観点での問題が多く載っているものを選ぶべきでしょう。

　また，生徒の自主学習の課題としての用途を考えるのであれば，教科書内容や例題・問いに沿った問題が多く収録されているものを選ぶのが好ましいと言えます。教科書の傍用問題集と一口に言っても，同じ教科書に対してさまざまなレベルの問題集が用意されていることが多いため，教師側が選定意図を明確にすることが重要なのです。

必ず「実物」を見てから決める

選定するときに最も重要なことは，実物を手に取って見るということです。本書を手に取るようなあなたにとっては，当たり前のことすぎるかもしれません。しかし，学校によってはカタログや表紙の問題レベルの表記だけで決めてしまうこともあるようです。

実物を手に取って選定してほしい理由は，実際にあなたが教えている生徒たちのことを考え，その教材が彼らの理解度や実態に即しているのかを確認するためです。

特によく見てほしいのは，**その問題集の解答・解説**です。生徒たちが自分1人でそれらを見て，自ら学習しやすいかどうかを私はイメージするようにしています。

参考までに，私の勤務校での教科としての取り組みの一例を紹介します。現在の勤務校では，問題集の出題範囲を決めて生徒たちに解かせ，それを課題として提出させます。それを平常点として換算しています。

このような用途で問題集を使用する場合，生徒自身が演習を行い，解ける・理解してもらうことが目的のため，なるべく教科書に沿った内容，かつ，解答・解説が詳しいものを選ぶようにしています。

このように，**生徒の実態や用途に合った問題集を選ぶことは，学習活動を円滑に行うために必要不可欠なこと**です。

「毎年，これを使っているから……」という常識を疑い，毎年，改めて使用教材を見直す機会を設けることで，生徒も，私たち教師も，マンネリを防ぐことにもつながります。

少し穿った見方をすれば，教科書会社も学校側に採用してもらうために，あの手この手で魅力的な問題集を作成しているはずです。そのよさを存分に活かせるよう，私たちも十分に吟味する力が求められているのです。

03 他社比較で「多面的な視野」をもつ

ココだけは押さえるポイント

それぞれの会社の「特徴」をつかむ

「複数の会社」の問題集を見る

　ほとんどの場合，その教科で採用された教科書会社と同じ会社の問題集を使用することが多いと思います。教科書傍用問題集の場合，そのほうが内容も教科書とリンクしますし，その選択は間違っていないでしょう。

　ただし，これは個人的な見解ですが，ただ何も考えずにそのまま問題集を採用してしまうのはもったいない気がします。なぜなら，**他社の問題集に目を通すことは大きな意味やメリットがある**からです。

　毎年，教科書や教材選定の時期になると，各教科書会社から見本が学校に送られます。以前，私はその多くの教材見本を整理したり，不要なものは廃棄したりという仕事を任されていたので，その量の多さは身をもって知っています。

　そのようなときに，見本教材の量に圧倒されて何も見ないで廃棄するのではなく，今まで手に取ったことがなかった教材をパラパラ眺めてみましょう。

　たとえ，その問題集が採用されなかったとしても，それぞれの問題集の出題傾向や意図を考えると，自分自身の教材研究の1つになりますし，視野が広がります。

　それに加え，部分的に「この内容は授業で使えるかも……」という発見があるかもしれません。

「重点内容」を確認する

　私が考える，複数の会社の問題集を見比べるメリットは３つあります。

■メリット① 「出題傾向・視野」を広げる

　さまざまな会社の問題集を見ると，同一単元であっても取り扱うテーマ，あるいは取り扱わないテーマが異なり，それぞれの出題傾向も違います。

　それらを俯瞰することで，その単元・テーマへの視野を広げます。いつもの使い慣れている問題集では出てこないような，難問・奇問（？）にも遭遇できるのが，複数の問題集を閲覧するメリットでもあります。

■メリット② 「重点内容」を確認する

　どの会社の問題集を見ても，必ず載っているテーマや例題，出題方法があります。**その内容は生徒にとって絶対に外してはいけない内容**という認識が強まります。また，授業の際に「いろいろな会社の問題集を見てみたけど，この問題は必ず出題されているので絶対解ける（理解できる）ようにしよう」という動機づけにもなるのでおすすめです。

■メリット③ 「反面教師」にする

　これは穿った考え方かもしれませんが，問題集によってはわかりづらい表現だったり，ややこしい出題方法が出てきたりするかもしれません。

　そのようなときには，**「なぜ，この問題がわかりづらいのか」**ということを自問し，そこでの気づきを自分の授業や自作のプリント，テスト作成に活かすのです。

　「人の振り見て我が振り直せ」とはよく言ったものですが，自分自身の授業やプリント，テストについつい自信をもってしまう私にとっては，セルフチェックのよい機会になっています。

04 授業の「山」を決める

ココだけは押さえるポイント

その授業でのゴールを「一言」でまとめる

私が「教育実習」で何度も言われたこと

　今でこそ，日々学校で仕事をしながら，このような本を書かせていただいていますが，私も教育実習生だったときがあります。

　そのとき，教科指導の先生から何度も言われたことが次の言葉です。

　授業の「山」がない。その授業で何を生徒に伝えたいのかがはっきりしていないと，内容がぼやけるし，授業の「山」がわかりづらくなる。

　いまだ，私は道半ばですが，ある程度経験を積んだ現在でも，この言葉を胸に日々の教材研究に励んでいます。

　その授業の「山」をはっきりさせるのには，その授業のゴールや目的を一言で表す習慣を身につけるのがおすすめです。

　たとえば，

「2次関数のグラフをかける」

「TO不定詞の用途を見分けられる」

「係り結びのパターンを使い分けられる」

というように，その授業のゴール・目的を一言で表すのです。それを達成するために，授業の「山」を考えるようにします。

生徒が授業の「山」をわかりやすくする方法

　あなた自身が授業の「山」を意識しても，生徒たちにそれが伝わっていなければ意味がありません。授業の山をわかりやすくするには，いくつか方法があります。そのうちから私が実践していることを紹介します。

■授業の「山」の見せ方① 授業冒頭で「宣言」する

　授業の導入時に，「この時間では，コレをできる（理解する）ようにする！」ということを生徒に対して宣言します。

　そうすることで，あなた自身も授業のゴールに対して意識がもてますし，生徒自身もその授業の目的がはっきりします。単純な方法ですが，効果は抜群ですので，試したことがない方は，ぜひお試しください。

■授業の「山」の見せ方② 「何度も」取り上げる

　その授業の中で重要な内容は，意識的に何度も取り上げます。そうすることで，生徒たちに重要だという認識をもってもらうのです。これは個人的な見解ですが，その授業に「山」がいくつあってもよいと考えています。ただし，内容がバラバラなのではなく，あるテーマに絞ってさまざまな観点からその内容について「何度も」出てくるというイメージです。

■授業の「山」の見せ方③ 授業の肝だと「告知」する

　これもシンプルな方法ですが，授業の「山」では「ここがこの授業で一番大切なところです」と生徒たちに宣言します。

　そうすることで，生徒たちにもこの部分が「山」だと自覚した上で，その内容を聞いてもらうのです。教師側が授業の「山」だとわかっていても，生徒たちに認識してもらわなくては意味がありません。授業中の「ここぞ」という場面で使うのがポイントです。

05 授業の山までの「道のり」を考える

ココだけは押さえるポイント

「道のり」は教師の数だけあっていい

導入は「生徒の心」を開く時間

　私なりの授業の「山」についての考えをお伝えしたところで，次に考える
のは，その「山」に至るまでの「道のり」を考えていきます。この「道の
り」とは，授業の導入や展開に当たります。

　はじめに，私なりの考え方をお伝えしておくと，**導入とは「生徒の心」を
開く時間**だと考えています。

　授業教室に入り，教材を準備して，チャイムが鳴って号令がかかる。この
一連の流れで授業モードにパッと切り替わる生徒はいいのですが，実際には
そのような生徒ばかりではありません。

　そこで，導入の段階では生徒を授業モードに切り替える時間だと捉え，い
きなり授業内容に入らなくてもいいというのが私の考えです。もちろん，い
きなり授業内容に入っても問題はないのですが，**生徒たちの状態を見て臨機
応変に対応する**ということを私は意識しています。

　たとえば，天候や時事問題について触れたり，時期が迫っている学校行事
などを話題にしたりしてもよいでしょう。生徒たちが話を聞ける姿勢，つま
り，生徒たちがあなたに心を開いてから授業内容を話すほうが学習効果も上
がるというわけです。そのためであれば，授業冒頭の５分間を雑談に費やす
ことさえ私は躊躇しません。

同一テーマでも「バリエーション」をもつ

　次に，授業の展開部分では，目の前の生徒たちの実態に合わせて授業構成を考えます。

　たとえ，同一テーマの授業であっても，クラスによって授業展開を変えるというのが栗田流です。私の専門教科は数学であり，私の勤務校では科目によっては習熟度別クラスを編成し，授業を行っています。

　そのような状況下で，習熟度が高いクラスでは演習量を多めに構成するのに対し，習熟度が低いクラスでは説明や質問対応により時間をかけるといったような授業を展開します。

　どのようなクラスでも杓子定規に授業をするのではなく，目の前の生徒にとってベストな方法は何かを考え，あなたが自分の授業をカスタマイズするのは教えるプロとしては当然のことです（今，この本を手にしている熱心なあなたであれば釈迦に説法かもしれませんが，念のために書いています）。

　授業に複数のバリエーションをもたせるために有効な方法の1つとして，サンプリングがあります。これは，自分以外の先生の授業を参考にしてまねるということです。**「まなぶ」の語源は「まねる」である**（諸説あります）とも言われるように，よいものを取り入れることは学びの基本です。

　その際，参考にした先生に「パクってもいいですか？」と言うよりも，「先生の授業はとても勉強になったので，**サンプリングさせていただいてもよろしいですか？**」と言ったほうが角も立ちませんし，むしろ，相手に喜んでもらえるでしょう。

　オリジナリティを重視したい気持ちもわかりますが，生徒たちの学習意欲や学習効率を上げるためであれば，そのようなこだわりやプライドは捨てたほうがよいと私は考えます。

　実際の登山のように，授業の山頂へ向かうルートはさまざまです。生徒やそのときの状況によって「道のり」を選択できる先生になっていきましょう。

06 「ゴールと達成度」を確認する

 ココだけは押さえるポイント
....

授業は「終わりが肝心」であることを忘れない

「終わりが肝心」である理由とは…

　私は異業種を経て現職に就いていますが，一時期，フランス料理店に勤めていた時期があります。フランス料理のフルコースは，前菜・スープ・魚料理・肉料理・デザートというような流れになっています。その中で，比較的印象に残りやすいものはどれなのか，あなたは知っていますか。

　実は，メインとなる魚・肉料理…よりも，前菜とデザートのほうが記憶に残りやすいのです。その理由として，記憶のメカニズムである**初頭効果**と**新近効果**があります。

・**初頭効果**…最初に与えられた情報が後の情報に影響を及ぼす現象
・**新近効果**…最後に与えられた情報が印象に残りやすいという心理効果

　つまり，お店に入り，ドキドキ・ワクワクしながら初めて見る前菜には初頭効果が，一番最後に口にしたデザートには新近効果（人ではないですが）が発揮され，記憶に残りやすいということです。

　これを授業に置き換えると……，もうおわかりですね。授業の導入とまとめが印象に残りやすい，ということになります（決して，授業の展開を軽んじてよいわけではありませんので，あしからず…）。

　それらをふまえた上で，私がどのようなことを意識して，授業のまとめを行っているのかをお伝えします。

たった一言でも「まとめ」になる

　まず，必ず意識していただきたいのがダラダラと授業を終わりにするのではなく，たった一言でもいいので授業の「まとめ」を入れるということです。

　教える側が経験を積み，相手が高校生ともなると，そこまでキチっとやらなくても……という教師側の勝手な甘えが出ることがあります。

　先ほどお伝えした新近効果を意識すれば，授業の「まとめ」がそれなりに重要なことはわかっていただけると思います。そこで，どのようなまとめの方法があるのか，私が実践している「まとめ」の具体例を３つ挙げます。

> ■栗田の「まとめ」の具体例① 発問をする
>
> 　その授業の要点に関する簡単な発問をします。それが答えられれば，その授業のねらいは達成できたということが実感できます。
>
> ■栗田の「まとめ」の具体例② 小テストをする
>
> 　できれば授業の冒頭で「この授業のテーマに関する小テストを最後に行います」と伝えておき，それを実施します。成績につけるというよりは，理解度を確認する意図であることも伝えておいたほうがよいでしょう。
>
> ■栗田の「まとめ」の具体例③ 課題を出す
>
> 　単位数が少なく，授業中になかなか上記のような小テストを実施できない場合，授業外で確認する機会を設けるのが有効です。毎回でなくてもよいので，その授業の要点についての課題を出し，生徒の理解度を確認します。

　いずれも目新しいものではないかもしれませんが，「まとめ」の重要性を意識して，あなたが発信しているかどうかでその効果は大きく変わります。

　ぜひ，教える側であるあなた自身が「まとめ」に対する意識をもっていきましょう。ちょっとした働きかけが授業の満足度を上げていくのですから。

07 「教室環境」を整える

📎 ココだけは押さえるポイント

担当授業の「環境」は自分で整える

「座席表」，つくっていますか？

　私の勤務校では，高学年になるにつれてホームルームメンバーで受ける授業が減っていきます。あなたの勤務校は，いかがでしょうか。

　自分の担当授業における環境整備は，授業担当が責任をもって行うというのが私の考えです。

　自分の担当学年であるか，自分のクラスメンバーであるかどうかは関係なく，授業を受けもつクラスでは**生徒たちが学びやすい環境を整えることから授業設計を始める**とも言い換えられます。

　たとえば，座席表です。新年度，その授業がホームルームクラスでなければ，さまざまなクラスメンバーが集まるわけですから，最初に座席を決める必要があります。たまに，授業人数が少ない場合，好きな場所に座らせる方もいますが，私は**出席管理や指名する際に混乱しないよう，私が座席を決め，座席表をつくっています。**

　ここで大切なのは，①**生徒目線**と②**教師目線**，２つの座席表をつくっておくことです。①生徒目線の座席表は初回しか使わないかもしれませんが，そのようなちょっとした気遣いを見せることで，生徒からの信頼感を得るねらいもあります。

　２種類の座席表をつくることは大した手間ではありません。私は座席表を

Excelで作成しますが，手順は以下のようにしています。

■栗田流　座席表作成の手順

（1）Excelの1つのブックに①生徒視点②教師視点の2つの座席表枠をつくる（どちらかを反転させる形になります）。

（2）①の生徒視点の座席表に授業メンバーのリストからコピー＆ペーストを行う。

（3）②の教師視点の座席表に1つずつリンク貼り付けをしていく。

（4）こうすることで次回以降は①生徒視点の座席表にメンバーを貼り付けた時点で②教師視点の座席表が完成します。

もっとテクニカルなことができる方はぜひ工夫してみてくださいね。

何事も「はじめ」が肝心

　上記のような座席表に限らず，教室環境の説明から授業のルール，成績のつけ方など，さまざまなことを，できれば新年度や新学期，最初の授業で生徒たちにあなた自身の言葉で話せることが重要です。

　なぜなら，あなた自身の授業に対するこだわりがあれば，そのような一つ一つのことにも細心の注意を払い，準備をすると私は考えているからです。

　それを生徒たちに伝えることで，あなたの熱意が生徒に伝わります。たとえ，そのクラスの全員でなかったとしても，「この先生はここまで考えているんだ」と感じてくれる生徒がいれば，その年度の授業運営は8割うまくいくと楽天家の私は考えています。

　もちろん，授業内容自体が大切なことは大前提です。しかし，それだけではなく，日差しが眩しければカーテンを閉める。空気が澱んでいれば窓を開けて換気をする。このような気遣いの積み重ねが，あなたらしい授業をつくり上げていくのです。

2章

授業の導入と説明

―授業は導入が「8割」

01 授業は導入が「8割」

ココだけは押さえるポイント

「魅力的な導入」を追求し続ける

授業冒頭の「5分間」を費やす

　授業が始まってからの5分間というのは，教師側も生徒側も休み時間から
スイッチを切り替え中の状態です。

　学校やクラスの実態によっては，すぐに集中モードに切り替えることがで
きると思いますが，必ずしもそのようなクラスばかりではありません。

　いわゆる習熟度が高いクラスや低いクラス，その両方を見てきた私が導い
た結論は，**導入に費やす「5分間」というのはその授業の学習効率に大きく
影響します**。これは，訪問営業にたとえられます。たとえば，あなたが職場
でまったく興味のないマンション販売についての営業電話を受けたとします。
その場合，あなたはまったく聞く耳をもたないのではないでしょうか。

　しかし，仕事や生活も安定し，そろそろ持ち家について考え始めた頃にそ
のようなマンションの営業電話を受けたとしたら，多少は聞く耳をもつので
はないでしょうか。

　つまり，授業の導入部分で生徒が授業の内容を聞くための下地をつくるの
です。誤解を恐れずに言えば，「生徒全員が勉強に興味津々である」という
クラスは少ない……というのが私の経験から得た結論です。

　どのような状況でも生徒を集中させるスキルは，教えるプロにとっては必
須スキルだと私は考えています。

導入は授業内容に「関係なくてもいい」

　教育実習やきっちりとした指導案を書くときには「導入は授業内容に関連あるものを……」とあなたは考えるでしょう。それはそれで間違ってはいないですが，実際の教育現場では毎回の授業でそこまで授業に関連のある内容を導入で扱えるわけではありません（模範的な教師ではなくてすみません）。

　完璧を目指す授業構成ではなく，最善を目指す授業構成であれば，生徒が授業に集中できる環境を整えるための導入を考えるべきです。

　では，そのような授業構成にするために，具体的に私が「導入」で意識していることを紹介します。

> **■栗田の「導入」の工夫① 「導入」は授業に関係しなくてもよい**
>
> 　先ほどお伝えした通り，その時間に生徒たちが集中して授業を行えるのであれば，冒頭の話題は授業に関係しなくてもよいのです。そう考えると，話題の幅も広がり，「導入」のバリエーションが増えます。
>
> **■栗田の「導入」の工夫② 午前と午後で「導入」を変える発想をもつ**
>
> 　比較的集中しやすい午前中の授業と，昼食後に疲れが出やすい午後の授業では，同一テーマであっても「導入」を変えるという発想をもってみてはいかがでしょう。午前は授業に関連する話題，午後は雑談の量を増やすということを私は意識しています。

　たかが「導入」，されど「導入」です。授業担当の教室に入り，生徒の状況や雰囲気を感じ取り，臨機応変に対応できる教師になりたいものですね。

　ちなみに，雑談と一口に言っても，私自身が好きな話をすることは少なく，生徒たちが興味をもっていそうなニュースやアニメ，マンガやゲームなどに紐づけて，話題を選ぶほうが興味関心をもってくれるのでおすすめです。

02 「話す前」に意識したい 2つのこと① 【表情】

ココだけは押さえるポイント

「表情」を制するものは話し方を制す

「自分の表情」を意識する

「あなたは，話すときの自分の表情を意識していますか」

　これは，私が塾講師時代に上司から指導を受けた内容です。

　少しだけ私自身の話をさせてください。私は一度，教師を辞め，飲食業界を経て，学習塾で正社員として勤務した時期があります。その塾講師時代に現在の私の教師としての心構えやスキルの基礎が構築されたと言っても過言ではありません。

　「目は口ほどに物を言う」ということわざにもあるように，表情というのはあなたを印象づける大切な要素であり，この内容は教育実習時代も教師になってからも指導されたことがない内容だけにじっくりお伝えします。

「人の印象は最初の5秒で決まる」

　これは，セールスウーマンとして，外資系教育会社での営業成績が世界で2位という偉業を成し遂げた和田裕美さんの著書『人づきあいのレッスン—自分と相手を受け入れる方法』（ダイヤモンド社）の一節です。とにかく，第一印象はすぐに決まってしまうので大切だということが述べられています。

たとえば，その日の授業のはじめに先生がムスッとして教室に入ってくる。たったそれだけでも，生徒たちの気が滅入ってしまうことがあります。ですから，あなたも表情には気を遣ってほしいのです。これは保護者対応についても，同様のことが言えます。クラスでの授業参観や学級懇談会などでも，自分の表情を意識したいものですね。

「メリハリ」をつける大切さ

　私が表情で特に意識するようにしているのは，メリハリです。最初に結論を言うと，**子どもたちにとってわかりやすい先生になる**ということです。

　これはどういうことかと言うと，生徒から見て「今は先生に楽しい話をしても大丈夫」「あ，今，先生は怒っているな」と，生徒が把握しやすい教師になるということです。

　この場合，「どんなことをするとこの先生は怒るのか」ということを，生徒にとってわかりやすくする必要があります。

　たとえば，「この先生は休み時間は楽しく話をするけど，授業中に関係のない話をすると怒られる」というようなわかりやすい対応を教師側が意識するのです。

　念のためにお伝えしておきますが，これは気分屋になるということではありません。和やかな雰囲気や厳しい雰囲気を意図的に演出するということです。このようなわかりやすい先生になることで，生徒をコントロールしやすくするのです。そのためにも，あなたは表情を使い分ける必要があります。

　私は**基本的にいつも笑顔**を心がけています。そうすることで，**他の表情が際立つ**からです。

　たとえば，授業中の重要な部分で真剣な表情をすることで，その部分の重要さを生徒たちに伝えることができます。また，厳しい指導が必要な場合では，真剣な表情で話すことで事の重大さを伝えることができます。これらは，感情的にではなく，あくまで意図的にすることが大切なのです。

03 「話す前」に意識したい 2つのこと②【表情】

 ココだけは押さえるポイント

あなたの「表情」がもたらすメリットを知る

いつも「笑顔」でいるメリットとは

　前述のように，私は基本的にいつも笑顔を心がけています。いつも笑顔でいるメリットはたくさんありますが，その中の2つを紹介します。

■いつも笑顔でいるメリット① 相手に好印象を与えられる！

　このメリット①については，ディズニーランドや大きなショッピングモールの受付案内に行けばよくわかります。笑顔は，人によい印象を与えるのです。それはわかってはいるけれど，実践していないという方もいると思います。意図的に厳しい表情をつくっている以外は，笑顔が自然に出るようにすると，生徒たちも話しかけやすくなります。生徒たちが教師に相談しやすくなれば，問題が表面化する前に察知する機会が増えるのです。笑顔でいるだけでこんなにうまくいくのなら，試してみる価値はあるのではないでしょうか。生徒から「なんで先生はいつも笑顔なんですか」「いつも楽しそうでいいですね」と言われるようになれば，あなたも笑顔の達人です。

■いつも笑顔でいるメリット② 表情から感情が生まれることもある！

　メリット②については，とても興味深い事実をお伝えしましょう。

一般的には，「楽しい」⇒「笑顔」というように感情を表すのが表情だと思われています。しかし，とある本には，「笑顔」という表情をつくることで，本当に楽しくなってくると書かれています。この不思議な脳の作用を利用した例を1つ紹介しましょう。

　ある企業では，クレーム対応の電話オペレーターの目の前には必ず鏡を置き，自分が笑顔になっていることを確認しながら対応します。

　理由はこうです。たいてい，クレームを言ってくるお客様はとても怒っています。そんなときに，感じの悪い対応をされたら，さらに火に油を注ぐようなものですよね。ですから，オペレーターは鏡で笑顔を確認しつつ，感じのよい対応をできるようにするのです。

　少し話が横道に逸れましたが，教師が笑顔で授業をすることで自分自身も楽しくなり，生徒たちも楽しく勉強できるとしたら，一石二鳥だと思いませんか。

　もちろん，すべてがそんなにうまくいくとは限りませんが，このような考えで授業を行うことも1つの手法だということを頭に入れておいてください。

　お金も手間もかかりません。ただ，笑顔になるだけです。今までの自分のキャラクターや生徒たちとの関係，自分の立ち位置などもあるかと思いますが，試してみる価値はあります。

「情熱的」な教師のデメリットとは

　ここまで読むと，表情をつくることに違和感を覚える方もいると思います。感情のままに情熱的な先生のほうが魅力的だと感じることもあるでしょう。

　しかし，感情的・情熱的な先生は調子がよいときはうまく回るのですが，自分の思い通りに事が運ばない，あるいは，思い通りに生徒たちが動かないときに，その憤った感情をそのまま出してしまうこともあります。

　教えるプロとして，せめて仕事上では自分の感情をコントロールすることが求められると私は考えています。

04 「話す前」に意識したい 2つのこと③ 【信頼関係】

ココだけは押さえるポイント

意識して「信頼関係」を構築する

何を話すかより，「誰」が話すかが重要

いきなりですが，質問です。

あなたのクラスの生徒たちに同じ内容を伝えるとして，次の誰の話が生徒たちの心に一番響くと思いますか。少し考えてみてください。

①校長先生　　②学年主任　　③あなた　　④保護者

できれば，③であってほしいのですが，いかがでしょうか。

この質問を通して，私が一番伝えたいのは，**話し手が生徒たちにとって，どれだけ影響力があるかを考える**ということです。

これはあなたが生徒に話すときの影響力にも同じことが言えます。生徒たちとあなたの信頼関係がどれだけ構築されているのか，これが話の伝わり方に大きく影響してくるのです。

これこそ，教員採用試験の際に何度も見たであろう勉強した**ラポール**です。ですから，普段から生徒たちとのコミュニケーションの方法を考え，信頼関係を築く必要があります。これは，担任するクラス，授業担当のクラス，その両方に使える知識です。

生徒への「気遣い」を忘れない

　生徒たちとの信頼関係を築く一番の方法，それは**気遣いを忘れないこと**です。「まだ子どもだから」という認識をもちながら接するのではなく，生徒を１人の人間として節度をもって接するとも言い換えられます。

　あなたも，大好きなあの人や大切な家族には気遣うはずです。それと同じように，生徒一人ひとりを子ども扱いせず，相手の立場になって考えることが重要なのです。

　１つ具体例を挙げます。私は生徒たちに対し，「**お父さん**に聞いてみてね」「**お母さん**にこのお知らせを渡してね」とは言いません。どうしても保護者のことを話さなくてはいけない場面では，「**おうちの人**に…」や「**保護者の方**に…」で統一しています。

　本書を手に取る熱心なあなたであればおわかりの通り，現在は一人親だったり，祖父母しかいなかったりするようなご家庭も珍しくないからです。

　父親のいない生徒に「お父さんに聞いてみてね」と言うのは愚の骨頂でしょう。つまりは，こういうことです。

　人間関係は，小さいことが大きなこと。これが生徒に接するとき，もっと言えば，保護者と接するときにも私が意識していることです。

　じつは，このような気遣いは，私が一度教職を離れ，転職を繰り返した末にたどりついた塾講師時代に，新人研修で徹底的に叩き込まれた内容です。

　誰でもこのように言われれば，納得し，実践することは容易いのですが，このような指導を受けずにベテランになってしまうと，気づくことができない盲点でもあります。

　これは自戒の念を込めて書きますが，特に自分自身に両親がいて，何不自由なく育てられてきた方は気づきにくい盲点です。

　しかし，これを読んだあなたであれば，明日からでも実践できることです。どの生徒にも優しい教師を目指したいものですね。

05 「話す前」に意識したい 2つのこと④【信頼関係】

 ココだけは押さえるポイント

信頼関係を深める「4つのポイント」を知る

信頼関係を深める「4つのポイント」とは

私が考える信頼関係を深める「4つのポイント」を紹介します。

ポイント①「1対1対応」を心がける
ポイント② 叱るときには「行動」を叱る
ポイント③「師弟関係」を重視する
ポイント④「分け隔てなく」接する

ポイント①「1対1対応」を心がける

　私が非常勤講師として勤務していた母校を離れて別の学校に移るとき，高校時代の担任でもあった先輩の先生から次のような言葉をもらいました。

　「40名クラスであれば，先生にとっては『1対40』かもしれないけど，生徒にとっては常に先生とは『1対1』なんだよ。これを忘れないでほしい」

この言葉を思い出すたびに，個々の生徒の目線で振る舞う大切さを再認識しています。しかし，発問するときや，机間指導中に少し生徒と話をするだけで，なかなかクラス全員と1対1でコミュニケーションをとるということは難しいのではないでしょうか。

　そこで，私が**おすすめしたいのは，ノートチェック**です。授業で使用しているノートでもいいですし，私の場合は，数学のテスト範囲の問題集を解いたノートを集めるようにしています。

　では，すでにノートチェックをしているというあなたに考えてほしいことがあります。それは，そのノートをどのようにしてチェックしているかということです。次の中で，なるべく近いものを選んでみてください。

①可愛いイラスト入りハンコを押したり，シールを貼ったりする
②コメントを手書きし，評価を書く

　私は状況に応じて，①と②を使い分けています。このノートチェックは，成績をつけるためという意味合いもあるのですが，私としては**個々の生徒とのコミュニケーションのきっかけづくり**という意味づけです。

　②のコメントというのは，もちろん，そのノートのよいところや頑張っているところをほめます。それに加えて，「体育祭で頑張って走っていましたね」とか，「毎日元気に挨拶してくれてありがとう」というような，1対1で話しているような内容を伝えることで，生徒との1対1対応ができるようになります。つまり，時間的制約が多い授業内だけでは伝えられない内容を，ノートを通して，生徒たちに伝えるのです。

　すでに実践されているあなたは，当たり前のことだと思っていただいて結構です。しかし，このような意識でノートチェックをしていなかった方には，おすすめのテクニックです。

　確かに手間はかかりますが，その積み重ねが信頼関係を構築できると信じ，私は継続しています。

06 「話す前」に意識したい 2つのこと⑤ 【信頼関係】

ココだけは押さえるポイント
....

あなたの「振る舞い」が信頼関係をつくる

ポイント② 叱るときには「行動」を叱る

　教師が生徒を叱ることについては，それだけで1冊の本が出せるくらい，深い内容です。

　ですので，ここでは私が常に心がけていることを1つだけ紹介します。それは，**叱るときには生徒の望ましくない「行動」のみを叱る**ということです。

　たとえば，提出期限の日に課題を出せなかった栗田くんがいると仮定します。ちなみに，彼は宿題忘れの常習犯です。

　「栗田くん，また忘れたの。先週も忘れたでしょう。ダメなヤツだなぁ」

　よくありがちなセリフ（ありがちでは困るのですが…）です。しかし，この指導の仕方ではまずい部分が2つあるのですが，あなたはわかりますか。

　1つ目は，「先週も忘れたでしょう」というフレーズです。これは，その場の「行動」だけでなく，以前の行動までもち出しています。

　たしかに忘れ物をしたこと自体は既成事実でしょうが，**いつまでも過去のことをもち出すのは，未来を向いている生徒たちにとって効果的とは言えま**

せん（自分に置き換えてみればよくわかるのですが、「お前はあのとき失敗したよなぁ」といつまでももち出す上司の話は聞きたくないですよね）。

2つ目は、「ダメなヤツだなぁ」というフレーズです。この本をお読みの熱心なあなたであれば、これは気づいたのではないでしょうか。

この発言は、**「行動」ではなく「人格」について言及**しています。このような発言は避けるべきです。

以上をふまえて、私なら栗田くんにこう話します。

「栗田くん、**今回はどうして忘れたの？（理由を聞く）。では、いつ提出（約束をする）できますか（本人に言わせる）**。次回は、**提出日の前日までに（改善方法を具体的に示す）**は提出してください」

このように「理由を聞く」「本人に言わせる」「改善策を具体的に示す」という3つのポイントを押さえると、有効な指導になります。

叱るときは「ウルトラマン」になる

どうしても叱らなくてはいけないとき、私はウルトラマンになるつもりで指導に当たります。ウルトラマンは、地球上に3分間しかいられません。つまり、怪獣を倒すためには短期決戦で臨まなくてはいけないのです。

それと同じように、**私は叱るときには短期集中を意識します**。理由は単純で、あまり長々と叱っていると、生徒の緊張感が解け、頭の中で別のことを考え出してしまうからです（あなたもそんな経験はありませんか）。

そんな状況になってしまっては、あなたの時間と労力が無駄になってしまいます。叱るときというのは、自分も生徒も気持ちのよいものではありません。だからこそ、少しでも効果的な指導法を意識しましょう。花まる学習会代表の高濱正伸さんは、著書の中で上手な叱り方の3原則は**「きびしく・短く・後をひかず」**と述べています。私たちも参考にしたいですね。

07 「話す前」に意識したい 2つのこと⑥【信頼関係】

ココだけは押さえるポイント

「馴れ合いの関係」にならないようにする

ポイント③「師弟関係」を重視する

　信頼関係と一口に言っても，ただ仲良くなればいいというわけではありません。特に，高校生ともなると半分は大人のため，教師との距離感をとれない生徒も出てきます。

　そこで大切なのが「師弟関係」です。「師弟関係」なんて少し古い表現ですが，生徒たちとの距離感を保つ上で，この考え方は重要だと私は考えています。

　これは，大手進学塾早稲田アカデミーが主催する，教師力養成塾の「教師力向上講座」を受講した際にも，講師の方が強調されていた内容です。

　「師弟関係」と言っても，教師だから威張るというわけではなく，**立場の違いを生徒たちに認識させることとして，私は言葉遣いを特に意識しています**。基本的に，教師に対しては丁寧な言葉遣い，あるいは敬語を使えるように指導します。

　たとえば，私の場合，生徒が「先生，宿題忘れた〜」と言ってきたら，言葉遣いが悪いことを厳しく諭すのではなく，「『先生，宿題を忘れました』だよね」と優しく伝えて，言い直させるようにしています。

　あくまで，「あなたと私は『先生と生徒』という関係である」ということを，このような場面で認識させるわけです。もちろん，教師によって考え方

はさまざまですので，あくまで1つのスタイルだということで，頭の片隅に置いておいてみてくださいね。

生徒は「弱さ」を見せる教師に魅力を感じる

「師弟関係」を大切にすると言っても，「師」として，いつも完璧である必要はありません。

むしろ，**自分の欠点を生徒の前でさらけ出すほうが，より信頼感が増す**という場合もあります。具体的な私の欠点を挙げると，「一度にたくさんのことを覚えることができないこと」「集中力が続かないこと」などがあります。

そんなことを明らかにしたら生徒たちになめられてしまう……というのは大きな間違いです（誤解を恐れずに言えば，生徒になめられてしまうのは，もっと別の理由があるのかもしれません）。

たとえば，犬は信頼している相手にしか自分のお腹を見せません。それは**弱点であるお腹をさらけ出すのは，信頼しているからこそ**だからです。

それと同じことで，生徒たちも，自分たちと同じように弱点をさらけ出してくれる教師に信頼を寄せるのです。

こんな経験はありませんか。授業中，自分（教師）の自慢話よりも，失敗談のほうが生徒の反応がいい。これは，まさに「弱さ」を見せることによるメリットの代表的な例です。

もちろん，笑い話として済ませるのもいいのですが，その「弱さ」や「失敗」からの学びや克服方法を生徒たちにも伝えられると一石二鳥です。

私たち教師は，どうしても生徒の模範となろうとするあまり，「自分の弱さや失敗を見せてはいけない」という思い込みを抱きがちです。たしかに，はるか昔，「先生の言うことは絶対である」という時代であれば，そのようなイメージ戦略は重要だったでしょう。しかし，時代は変わり，「教師だって普通の人間である」ということを生徒も認識するようになった現代では，自分をさらけ出せる教師のほうが魅力的であると私は感じています。

08 「話す前」に意識したい 2つのこと⑦【信頼関係】

ココだけは押さえるポイント
....

どの生徒とも「平等」に接するコツを知る

ポイント④「分け隔てなく」接する

これは自戒の念を込めて書いていますが，生徒に対し，「分け隔てなく」接するというのは簡単に思えますが，私たちは意外にできていません。

授業中，私が「分け隔てなく」接するために気をつけていることのうち，具体的に，次の2つについて，ここでは説明します。

■名前の呼び方

まず，名前の呼び方ですが，大切なことは**全員で統一**することです。全員で統一されていない状態とは，ある子には呼び捨て，ある子には「くん」「さん」づけ，そして別の子には「あだ名」というように無意識のうちに呼び分けてしまっている状態です（もしかしたら学校や地域によっては，名前の呼び方が統一されているかもしれません）。

自分の授業での様子を，思い出してみてください。部活動や担任しているクラスの生徒とそうでない生徒で扱いを変えてはいませんか。

「あだ名」や呼び捨ては，親近感があるように感じますが，生徒によってはその「あだ名」が気に入っていなかったり，高圧的に感じてしまったりという生徒もいます。ちなみに，私は授業でも，担任するクラスでも「くん」「さん」づけで全員統一するようにしています。

「指名」時のちょっとした気遣いを忘れない

■指名の仕方

　授業中，生徒を「指名」するとき，あなたはどうしていますか。生徒の顔と名前を覚えていれば，顔を見てすぐ「指名」できると思います。

　しかし，クラス全員の名前を覚えていないとしたら……。高校であれば，ホームルーム単位での授業もありますが，学年が上がるにつれて，選択授業が増え，担任していない生徒とかかわる場面も多くなります。

　たいていの場合，ホームルーム授業であれば担任作成の座席表があり，選択授業であればあなたが作成した座席表を見て指名することになるでしょう。

　ここで気をつけてほしいことがあります。それは，指名する際，**人によって座席表を見る・見ないがあると，私は覚えられている・覚えられていないと生徒がわかってしまう**ということです。

　本当に細かいことなので，「そんなことを気にするなんて」と思われてしまうかもしれません。ただ，**「人間関係においては，小さいことが大きなこと」**と認識しておくべきだと私自身の経験や多くの書籍から学びました。

　その授業クラスの生徒全員の顔と名前を覚えていないのであれば，指名する場合には，**どの生徒を指名するときでも，必ず座席表を見てからの指名を徹底する**とよいでしょう。

　最後に，私自身の失敗から学んだ気をつけてほしいことを1つ。それは名前の読み間違いです。たとえば，「堀田」と書いても，「ほった」や「ほりた」など読み方はさまざまです。授業中，指名時にあなたが読み間違えているにもかかわらず，教師の前では何も言わず，生徒たちの間で「あの先生，ずっと名前間違えているよな」と言われ続けるのはあまり笑えない状況です。

　年度はじめや授業開きの際，慎重に確認すれば防げるミスです。私も初回の授業では，座席表を確認しつつ，氏名を呼びながら確認しています。授業やクラスに慣れてきたときこそ，注意するようにしてみてくださいね。

09 意識次第ですぐできる，わかりやすい話し方①

ココだけは押さえるポイント

··

話し上手になる前に「聞き上手」になる

説明がわかりやすい先生の「３つの特徴」

　私が勤務校や研修先，もっと言えば，塾講師時代に出会ってきた，いわゆる説明がわかりやすい教師には３つの特徴があることに気づきました。そのことに気づいて以来，私も実践するようにしています。

　具体的には，次の３つです。

わかりやすい先生の特徴① 「聞き上手」である
わかりやすい先生の特徴② 相手の「理解度」に合わせて話せる
わかりやすい先生の特徴③ 話が「簡潔」である

特徴① 「聞き上手」である

　授業というと，どうしても私たちが要点を説明したり，問題の解説をしたりすることばかりが思い浮かびますが，聞くことも授業の大切なスキルの１つです（私だけかもしれませんが，特に教師は話し好きが多いですから……）。

　生徒からの話を聞くときのポイントは次の３つです。

・生徒の目を見て聞く

・明るい表情で聞く

・相づちを打つ

　これらを意識するだけでも，生徒たちは考えていることや疑問に思っていること，自分の気持ちをどんどん話してくれます。

「聞くのは一瞬の恥，なんてとんでもない。聞くのは一生の宝だ」
（三遊亭園窓）

　このような名言を胸に，あなたが聞きたいことも，どんどん生徒たちに聞けばよいのです。

　ただし，クラスの中には人前で話すのが苦手という子もいるでしょう。しかし，そんな子であっても，必ず胸の中には言いたいこと・聞いてほしいことがあると，私は考えます。むしろ，そういう子ほど抱えていることが多いものです。

　無口な子どもには大きく分けて2つのタイプがあります。

　1つは「言ってもムダだ」とあきらめてしまっているタイプ。もう1つは自分の思いを上手に言葉に出して言えないタイプ。ご家庭でその子が言いたいことを保護者が先回りして言ってしまったり，その子に発言の機会を与えなかったりした結果，そうなってしまう場合が多いのです。

　そういう生徒たちの心の声を聞くために，私は次の3つを意識しています。

①普段から相手に強い関心をもつ。

②表情，口調，動作などにいつもと違う変化がないかを注意する。

③声をかけた際の，反応を見逃さない。

　すべて基本的なことかもしれません。しかし，あなたが普段の授業でも言っているように，基本をおろそかにしてはいけないのです。

10 意識次第ですぐできる，わかりやすい話し方②

ココだけは押さえるポイント
....

相手の「理解度」に合わせて話す

特徴② 相手の「理解度」に合わせて話せる

　話がわかりやすい先生というのは，聞き手の理解度に合わせて話しています。たとえば，授業で同じテーマについて触れるのであっても，高校1年生と高校3年生には説明の仕方が異なるのは当然のことです。

　これは，**発信者（話し手）を中心に考えるか，受信者（聞き手）を中心に考えるか**とも言い換えられます。前者は自分が話したいことばかりを話す教師，後者は生徒目線で話す教師です。どちらが好ましいかは，教育熱心なあなたであればすぐわかりますよね。

　だからこそ，前述した生徒の話を「聞く」ことが大切になってくるのです。教師が相手のつまずきやすいところ，わかりづらいところを把握した上で話さなければ，独りよがりの授業になってしまうからです。

「身近な具体例」が心に響く

　生徒に話すときには，身近な話題のほうがよく伝わります。「100年前にはね……」と言うより「昨日ね……」と言ったほうが伝わります。

　エルニーニョ現象によって異常気象になっていることを話しても，ピンとこない生徒がいます。しかし，その影響で冷夏になり，夏場にプールに入る

のが辛くなることを伝えると，生徒たちの心に響きます。

　だからこそ，目の前の生徒たちがどんなことに興味をもっているかを常に考えます。

　これを小手先のテクニックというのは簡単です。しかし，生徒たちの心に響き，夢中になって学習してくれるのであれば，私は小手先のテクニックだろうが駆使します。そうやって少しでも学習内容に興味をもってもらうのが，教えるプロとしての私の役割だからです。

　目の前の生徒たちが何に興味を示すのか。私はそのことだけを考えていると言っても過言ではありません。それぐらい，**誰に対して何を話すのかを考える必要がある**のです。

　また，このようなアプローチのやり方もあります。それは，聞き手は，**知っているようで知らない話に興味をもつ**ということです。

　具体例を挙げましょう。

　いきなりですが，問題です。1円玉と1万円札には共通点があります。
　それがいったい何なのか，あなたはわかりますか？

　この問題で大切なのは，いつも見ているものの中にどれだけ面白さを見つけることができるかです。見たことのないことやものを延々と話しても，生徒たちを夢中にさせるのは至難の業です。

　知っているけれど，実はよく知らないことは考えたくなります。100％知らない，わからない話は，どんなに斬新で画期的であっても，生徒たちの興味を引くことはできません。

　ちなみに先ほどの問題の正解は，重さです。1円玉が1gなのは有名ですが，1万円札もほぼ1gなのです（ただし，使用状況によります）。

　金額で考えると，1万円札は1円玉が1万個集まったもの。でも，重さで考えると1万円札と1円玉は同じ。これだけでも生徒たちは盛り上がります。

11 意識次第ですぐできる，わかりやすい話し方③

ココだけは押さえるポイント

話を「簡潔」にまとめる

特徴③ 話が「簡潔」である

　あなたの学生時代を思い出してください。朝礼や集会などの校長先生の講話のイメージはどのようなものでしょうか。

　誤解を恐れずに書きますが，私の校長先生の講話のイメージは「よくわからない」です（教師をしている私がこんなことを書くのはご批判の覚悟の上で書いています）。

　その理由の１つに話が長いということがあります（全国の校長先生がすべて当てはまるとは言いませんが……）。あのような生徒全員が集まった畏まった場では，ついつい長く話をしなければ……と考えてしまう気持ちもわかります。しかし，それは聞き手にとって逆効果なのです。

「要点」は絞れば絞るほど伝わる

　長い話が伝わりづらいのは，要点が凝縮されていないからです。流行語になるようなフレーズはすべて短く，そこにさまざまな意味が凝縮されています。つまり，コピーライティングの世界では，無駄なものを削ぎ落とし，洗練されることが求められるのです。

　これは，生徒たちに私たちが伝える言葉についても同様です。ここで，文

章表現・コミュニケーションインストラクターの山田ズーニーさんの著書
『話すチカラをつくる本』（三笠書房）から，簡潔な言葉をつくる簡単な公式
を紹介します。

意見　＋　論拠　（＝機能する話の大原則）

　この公式を利用すると，生徒が授業で効率的に学習できるようにしたいと
きには，次のように伝えることになります。
　**「書くときは書く。読むときは読む（意見）。1つずつ取り組むほうが集中
できますよ（論拠）」**
　これは一例にすぎませんが，生徒たちに話すときにはこの公式を常に意識
しておくと，余計なことを言わずに済み，伝わりやすくなります。
　生徒たちに一番伝えたいことは何かを常に自問し，それを短いフレーズで
表すクセを身につけていきましょう。
　話を簡潔にする一番の方法は，事前準備をしっかりとすることに限ります。
準備する段階で，何が必要で，何が不要かが見えてくるからです。

　ただし，ここで少々注意点があります。あなたのような教育熱心な先生は，
ついつい説明を丁寧にしすぎてしまうこともあるでしょう（私はそうです
…）。そんなあなたに知っておいてほしいのが次の事実です。
　**「一生懸命な人，優しい人ほど余計な情報を盛り込みすぎて，結果として
冷たいことをしているのです」**
　これは，数多くのセミナーを行っている中谷彰宏さんの著書『人を動かす
伝え方—動きたくなる56の伝え方』（あさ出版）の一節です。
　大人相手に話すプロのセミナー講師ですら，このような意識をもっている
のです。生徒に話したり，授業をしたりする私たちは，なおさら意識しない
といけないこと，それが「丁寧すぎると伝わらない」ことだと言えます。
　話の要点を絞れば絞るほど，相手に刺さることを意識しておきましょう。

12 相手に伝わる話し方，3つの極意①

伝わる話し方にはコツがある

伝わる話し方，「3つの極意」

　ありがたいことに，私は勤務校の授業に加え，講演会やセミナーなど，大人の方向けに話をさせていただく機会があります。

　そのような場での経験や多くの書籍から，相手に伝わる話し方について，ずっと考え続けています。

　現段階で，私が相手に伝わる話し方として，聞き手の年齢に関係なく，次の3つのことを意識しています。

伝わる話し方①「間」を大切にする
伝わる話し方② 話に「抑揚」がある
伝わる話し方③「聞き手の反応」に合わせる

伝わる話し方①「間」を大切にする

　あなたが考える話がうまい人というのは，途切れなく流暢に話すイメージではありませんか。結論から言うと，私の考えは違います。相手の記憶に残るかどうかという点では，その話し方は残念ながら効果的ではありません。

相手に説明する際，話し続けないと不安になってしまう心境になるのは私もよくわかります。

　しかし，「生徒たちに考えさせたい」「この部分をしっかり記憶に残したい」という，ここぞという場面では，**流暢に話すよりもあえて「間」をあけることは非常に有効な手法**なのです。その理由は，次の2つです。

①「間」をあけることで，「次に何を話すのか」ということを聞き手に考えさせる時間をつくる
②次の発言に対する期待感をもたせる

　生徒が静かに話を聞いているときというのは，見方を変えると受動的な姿勢で話を聞いている状態です。つまり，聞くことに対して受け身だということです。この受け身状態のときに，**「間」によって自分で考えさせる時間を自動的に設けます。**言い換えれば，生徒たちが「この先生は次に何を言うのだろう」というように考えてもらうのです。「間」をあけることで，聞き手が自分から積極的に話を聞く（＝能動的な姿勢）きっかけづくりをするということです。人の話を聞かされているのと，自分から聞こうとするのでは，どちらが印象や記憶に残るかは明白ですね。

　とはいえ，話の途中で「間」をとるというのは，意外と勇気が必要です（実際にやってみるとよくわかりますが，数秒が数分に感じるほどです）。

　しかし，説明にメリハリをつけるという意味でも，この「間」の効果は抜群です。これまでどうしても話し続けてしまったあなたは，ぜひ，勇気をもって一瞬黙ってみてください。

　これは私自身が経験で身につけたことでもありますが，アナウンサーの福澤朗さんの著書『声と言葉の教科書―勝てる日本語，勝てる話し方』（東京書籍）にも詳しく載っています。**「間」のない話は間抜け**というようなプロならではの説得力のある内容が満載ですので，興味がある方はぜひ手に取ってみてください。

13　相手に伝わる話し方，３つの極意②

ココだけは押さえるポイント
....

話し方には「凸凹」があるくらいがちょうどいい

伝わる話し方②　話に「抑揚」がある

　聞き手である生徒が飽きずに，集中して話を聞けるようにするために，私は抑揚をつける話し方を意識しています。

　たとえば，プロの声優を例に考えてみましょう。声だけであれだけの迫力や臨場感を出すことができるのは，この抑揚をはっきりと出すことができるからなのです。具体的には，次の３つを意識するとよいでしょう。

■声の強弱を使い分ける

　次の４つのうち，生徒の印象に残るであろう，声の使い分けを選んでみてください。

　①常に声が小さい

　②常に声が大きい

　③普段は声が普通で，大切なところでは声が大きい

　④普段は声が普通で，大切なところでは声が小さい

　このように並べると，ほとんどの方が③を選ぶのではないでしょうか。②では，終始小さい声で話すよりかはいいのですが，どの部分がその授業で大切な部分かがわかりづらくなってしまいます。ただ，応用例として④のように，わざと小さな声で注意を引く，という手法もあります。

■話すスピードの速い，遅いを使い分ける

　次に，声に抑揚をつける要素として，話す速さがあります。生徒にとって聞き取りやすい速さを意識します。**大切なところはゆっくり話す**ということを意識すると，話している内容が記憶に残ります。よく映画やドラマのワンシーンで，重要な場面になるとスローモーションになる……あれと同じです。

　それに加えて，授業においてサラッと話すだけでよいという内容は，あえて速く話すことで授業のリズムをよくすることも有効です。

　恥ずかしながら，私自身，意識をしないとすぐ早口になってしまうので，特に注意しています。たくさん説明したいという気持ちが強すぎて，ついつい早口になってしまう方は意識しておくとよいでしょう。

　あくまで目安ですが，**自分がちょっとゆっくりすぎると感じるくらいで**，生徒たちにとってはちょうどよいスピードと感じるようです。

■声の高低を使い分ける

　最後は，声の高低です。カラオケだけでなく，ぜひ職場でも意識してほしいのがこの要素です。ある程度，地声で高い・低いなどの個人差はあると思います。

　それらをふまえた上で頭に入れておきたいことは，話すときの声の高低によって人に与える印象が異なるということです。具体的には，次のようになります。

　高い声…声の通りがよく，相手に高揚感をもたらす

　低い声…重厚さが増し，説得力が増す

　前述の内容もふまえて，説得力がある最高の話し方は**低い声でゆっくりと話す**となります。

　また，これは塾講師時代の研修で学んだテクニックですが，生徒・保護者と対面ではなく電話で話す際，男性は特に少し高い声を意識するとよいでしょう。ボソボソと低い声で話してしまうと聞き取りづらいですから，少しでも高い声で話すようにすると，相手に与える印象が変わります。

14 相手に伝わる話し方，3つの極意③

ココだけは押さえるポイント

オンラインではできない「強み」を活かす

伝わる話し方③「聞き手の反応」に合わせる

　コロナ禍において，オンライン上での動画配信や授業運営が珍しくなくなってきた現在でも，私が対面の授業の強みと考えているのが，この**聞き手の反応に合わせて話す**ということです。

　もちろん，ウェブツールの1つであるZoom等を用いたオンライン授業でも意識できるかもしれませんが，あの限られた画面の中に映し出される生徒全員を把握しつつ，授業を進めるというのは至難の業です。

　では，なぜ生徒の反応をよく見て話す必要があるのでしょうか。それは双方向の授業を実現するためです。いわゆるアクティブ・ラーニングは，従来の教師主導の講義型授業ではありません。対話を通し，生徒の反応へ対応しながら，柔軟な授業運営が求められるのです。

　私のこれまでの教員経験から導き出された結論は，**引き込まれる授業は常に「聞き手中心」**だということです。

　いきなりですが，あなたに質問です。プロの手品師に不可欠な技術とは何だと思いますか。手先の器用さや巧みな話術に加えて，一番大切なのは観察力なのだそうです。

　なぜなら，その場にいる観客がどこを見て，何を考えているかを把握し，一瞬の隙をついて観客をミスリードに導く。それを驚きや笑いに変換するこ

とが求められるからです。

　実は，授業についても同様のことが言えます。生徒を授業に引き込むには，生徒が何を考えているかを観察し，常により聞きたくなるような話し方・手法を考える必要があるからです。

　もし，生徒が集中できないのであれば，授業のやり方を変える必要があります。極論すれば，あなたが教材研究にどれだけ時間をかけたのかは関係ないのです。これが聞き手中心の授業です。

　どんなに練りに練って準備した話題であっても，生徒の食いつきが悪ければ，パッと話題を変えることができる。そんな臨機応変な対応ができる教師の話に，生徒たちは引き込まれるのです。

生徒の反応を見るための「具体的な姿勢」

　実際に，授業中，このように生徒の反応を見ることができているかどうかを簡単にチェックする方法があります。それは，板書を見ずに生徒たちに対して説明しているのかどうかを確認します。もし，生徒を見ることができていない場合，改善方法としては次のようなことを意識するとよいでしょう。

①足のつま先を必ず生徒たちのほうに向ける
②板書には背中を向ける

　もうおわかりかもしれませんが，実はこの2つは同じことを言っています。いずれも，私が塾講師時代に上司から徹底的に指導されたことですが，実際やってみると意外に難しいのです。

　もちろん，授業の状況に合わせて説明するスタイルは変えますが，基本姿勢はこのつま先⇒生徒，背中⇒板書という姿勢をマスターできると，生徒の反応が見やすくなります。少しずつ意識していきましょう。

15 たった1人でもできる，授業の「自己研鑽」

場を用意されなくても「自分で学べる教師」になる

成長できる教師，成長できない教師の「違い」

　同じ職場，同じ環境であっても成長できる教師と成長できない教師が存在します。ここでお話しすることはあくまで私個人の考えですので，気分を害してしまう方はどうぞ読み飛ばしてくださいね。

　では，その違いはどこにあるでしょう。成長できない教師は，成長できない理由をすぐに自分以外の誰かのせいや，環境のせいにすることが多いです。「教員研修の場がないから」「ロールモデルになるような同僚がいないから」などなど，言い訳は挙げれば切りがありません。

　同じような環境にもかかわらず，どんどん成長する教師は，
「教員研修の場がないから」
　⇒学校外でも自分で学ぶ場を探す
「ロールモデルになるような同僚がいないから」
　⇒オンラインや書籍などから学ぶ
というように，自分で学ぶ場をつくっていきます。きっと，本書を手に取るような熱心なあなたであれば，すでに実践していることが多いでしょう。

　恥ずかしながら，現在の私の勤務校もそこまで研修の機会があるわけではありません。しかし，自ら自己研鑽を積むことでこのような書籍を書かせていただいたり，他の学校で教員研修講師としての依頼をいただいたりするよ

うになったのです。

　決して，現段階の私が完璧だとは思っていません。成長し続ける人というのは，常に現状に満足せず，さらに学び続けるからです。

　恥ずかしながら，私の授業スキルの向上の１つの取り組みは，スタディサプリ（https://studysapuri.jp/）を観ることです。生徒向けのアプリと侮るなかれ。各教科のプロフェッショナルの教授方法やアプローチはとても勉強になるのでおすすめです。

「教育実習生」が来たときがチャンス

　もう１つ，自己成長のために適切な機会があります。それは教育実習生が学校に来たときです。実習生……と聞くと，指導教諭になると手間が……と思ってしまうかもしれません。もちろん，それも１つの側面ですが，実は普段はハードルが高い，他の先生の授業を参観させていただくという行為がやりやすくなるのがこの時期なのです。なぜかと言えば，教育実習生と一緒に観に行けばよいからです。

　教育実習生に学ばせると言いつつ，自らも他の先生から学ばせていただく。まさに一石二鳥です。せっかく教育実習生に時間を割くのであれば，このような時間の使い方も１つの手ではないでしょうか。

　加えて，あなたの授業も積極的に教育実習生に参観してもらうとよいでしょう。表向きの目的は「授業手法を見せるため」ですが，教育実習生から遠慮なく気になった点を聞くと，自分自身の成長のきっかけとなります。

　事前に，「気を遣った社交辞令よりも，私はさらに授業をよくするヒントがほしい」と言っておければ，何かしらのアドバイスをもらえるでしょう。

　自戒の念を込めて書きますが，教師は経験を積めば積むほど，誰かに指導を受ける機会はどんどん減っていきます。気づけば自己満足の授業をしていることも少なくありません。このような機会を活かし，初心に返るような工夫をするのも，自己研鑽のためには有効だと私は考えています。

3章

指示と発問

―「簡潔さ」と 「生徒の力」を 大切にする

01 授業の「4つのスタイル」を知っておく

ココだけは押さえるポイント

発問と指示の「バランス」が重要

あなたの「授業スタイル」を意識する

　本章では，「発問」と「指示」について考えていきます。本題に入る前に，少しだけ授業の形式について触れます。

　まずは次ページの図を見てください。教師と生徒の関係に基づく授業スタイルは，大きく分けて次の4つに分類できます。

　②の**生徒主導型**は，その名の通り，生徒たちが主体となって進める授業スタイルです。どちらかと言うと，ある内容について話し合う授業やロングホームルームで適したスタイルでしょう。メリットとしては，生徒が自由に発言や活動ができること，デメリットは，あなたが想定していない方向に授業が突き進むことがあるということです。このとき，あなたの役割は生徒たちをただ放任するのではなく，授業が脱線しすぎないように上手にサポートすることです。

　③の**教師主導型**は，いわゆる講義に近い形式です。ひたすら教師が板書と説明を行っていくのがこのタイプです。高校や大学などは，このような授業が多いのではないでしょうか。この授業スタイルのメリットは，とにかく教師のペースで授業を進められることです。

　これはかなり極端な例ですが，授業を受けている生徒の理解度や反応を一切無視して，ひたすら授業が進行する場合もあります。このスタイルの授業

時には，このようなデメリットを認識することが重要です。

　④の消極型は，教師も生徒も消極的なため，極論するとつまらない授業です。このタイプだけは，何としても避けなくてはいけません。このように書くと他人事のように思えますが，教師側の慣れのため，気づくとこのような授業になってしまっていることもあります。慢心することなく，日々の授業に取り組むようにしたいものです。

　①の双方向型は，教師側が新しい知識や概念を指導していき，その都度，生徒の反応を見たり，意見や考えを聞いたりして進めていく授業スタイルです。この授業スタイルのメリットは，生徒の主体的な授業参加を促せることと，生徒の反応に応じた授業が展開できるという点です。

　まとめると，①の双方向型を基本としつつ，②の生徒主導型をどんどん取り入れるのが理想的な授業と言えるでしょう。私がここで声を大にして伝えたいことは，「生徒が参加できる授業を意識する」ということです。このような授業を実現するための重要なポイントが，これからお伝えする「発問」と「指示」のバランスなのです。

02 指示で押さえるべき 5つのポイント①

 ココだけは押さえるポイント

無駄のない「指示」で授業運営をする

「塾」で学んだ，指示のポイント

　私が塾講師として勤務していた際，研修等を通して効果的な指示について徹底的に学んできました。塾と学校，その他，書籍などで私が得た効果的な指示の5つのポイントを紹介します。

指示のポイント① 「単指示」で集中力を上げる
指示のポイント② 指示を出す「タイミング」を考える
指示のポイント③ 指示の「フォーマット」をつくる
指示のポイント④ 身近な「お手本」を見つける
指示のポイント⑤ 指示通りできないときの「対応」

指示のポイント①「単指示」で集中力を上げる

　前述の通り，以前，私は学習塾の社員として勤めていた時期があります。その会社では，1か月間，住み込みの研修施設で授業指導や保護者対応などの研修を受けます。そして，最後の検定試験に合格した者のみ，現場に出られるという徹底した研修システムでした。

その研修期間中，私が徹底的に叩き込まれたスキルの１つに「**単指示**」があります。「**単指示**」**とは一度に１つのことしか指示を出さないことです。**

　その塾がそこまで「単指示」にこだわっているのには理由があります。それは，人は２つ以上のことを同時にやろうとすると極端に集中力や注意力が散漫になるのです。理解力が乏しい，あるいは，学力が低い生徒であれば，その傾向はより顕著になります。

　ですから，「読む」「書く」「聞く」「解く」というような指示を，一度に１つずつしか出さないという「単指示」はとても有効なのです。

　たったこれだけを意識するだけで，生徒の集中力は驚くほど上がります。ただし，あなた自身の「いろいろ伝えたい」「いろいろ取り組ませたい」という気持ちをおさえるには，はじめはかなりの自制心を必要とします。そんなときは，上記のメリットを思い出し，「単指示」を徹底してください。

　１つのことができるまで待つ。これが「単指示」の最大の秘訣です。

　加えて，「単指示」と言っても，「この問題を解きましょう」という指示だけではもったいないです。「単指示」を徹底するのはよいのですが，「単指示」を出す際にセットするとよい指示があります。

　それは，**時間・量・個数・範囲などの具体的な指示**です。先ほどの指示を次のようにしてみます。

「この問題の**（１）〜（５）【範囲】**を**５分以内【時間】**で解きましょう」

　いかがでしょうか。生徒たちが動きやすい指示になったのがよくわかりますね。「単指示」だからこそ，１つの指示の出し方を工夫するイメージです。

　最後に，これは蛇足ですが，あなたが受けもつ授業クラスの生徒の実態によっては，そこまで「単指示」を徹底しなくても円滑な授業運営ができる場合もあります。目の前の生徒の実態に即して活用してみてください。

03 指示で押さえるべき 5つのポイント②

 ココだけは押さえるポイント

指示には「適切なタイミング」がある

指示のポイント② 指示を出す「タイミング」を考える

　指示をするときの一番のポイントは，生徒の動きを「予測」することです。

　これは自戒の念を込めて書きますが，あなたが言いたいことを言いたいタイミングで伝えるのが指示ではありません。

　大切なのは，目の前の生徒の気持ちに寄り添い，考え，次の行動を導いてあげることです。換言すれば，そのときの生徒の心理や状態，動きを予測し，それに応じた次の指示を出すのです。ですから，指示を出すタイミングというのは，とても重要です。

　具体的に，私が考える効果的な指示のタイミングは次のようなときです。

・生徒の集中力が落ちてきたとき

・不必要にうるさくなってきたとき

・何も意見が出ないとき

・そのクラス全員で考えてほしいとき

・1つのことに集中してほしいとき　　　　など

　もちろん，理想は授業担当であるあなたが何も言わずとも，生徒たちが自主的に動いてくれることです。ただ，学年やクラスによっては，必ずしもそ

ううまくいくとは限りません。だからこそ，あなたの出番なのです。

　たとえば，野球の試合では監督が「ここぞ」という場面にとっておきのサインを出します。それと同様に，授業中の監督であるあなたが絶妙のタイミングで指示を出す必要があるのです。

　まれに，指示を出すことが過保護だと考える方もいるようですが，決して指示は過保護ではありません。なぜなら，あなたの指示のもとに，生徒たちが望ましい学習活動や行動を実践できるようにしていくことが，教えるプロとしての大切な仕事の1つだと私は考えているからです。

次の指示を出す前に「必ずすること」

　ここまで「単指示」の重要性を伝えてきましたが，次の指示を出すタイミングもとても大切な要素です。授業中，あなたが次の指示を出す前に必ず行っておくことがあります。

　それは，**行動の確認**です。何を確認するのかと言うと，出した指示に対して目の前の生徒たち全員が理解し，行動ができているかどうかをあなた自身が確認するのです。なぜなら，あなたが出した1つ前の指示が徹底されていないのに，次々と指示を出しても学習効果は上がりません。

　確認の方法については，大きく分けて2つあります。1つは，あなたが目視で確認する方法です。教室前方や後方から生徒の様子を見て確認をします。

　もう1つは，口頭で指示内容が理解できているかどうかを生徒に問いかける方法です。各自で作業している場合，指示が理解できていない，あるいは，できない生徒には挙手してもらい，個別対応するのが一般的です。

　「単指示」を徹底するには，その意図を生徒にしっかりと説明すること，そして，指示に従うことができているのかどうかの確認が必須事項です。慣れていない生徒にとっては時間がかかるかもしれません。しかし，私のこれまでの塾や学校現場での経験から得た結論は，**マルチタスクよりシングルタスクのほうが集中力は増す**ということです。

04 指示で押さえるべき 5つのポイント③

ココだけは押さえるポイント

具体的な「指示」は行動しやすい

指示のポイント③ 指示の「フォーマット」をつくる

　いきなりですが，あなたに質問です。生徒が行動しやすい指示というのは，いったいどんな指示だと思いますか。

　生徒が行動しやすい指示とは，具体的な指示です。生徒がその通りに行動できる指示です。言い換えれば，誰でもできる，つまり**再現性のある指示が具体的**だということです。具体的な指示には次のようなものがあります。

■聞くことについて
「顔を上げて前を向いてください」
「筆記用具を置き，手は膝の上で聞いてください」
「後で質問してもらいます。そのつもりで聞いてください」

■書くことについて
「後で説明するので，今は書くことだけに集中してください」
「この部分に後で書き加えるので，2行空けておきましょう」
「ココとココは関係があるので，同じ色のペンで書いてください」

■読むことについて
「3分間でP.10～12を黙読してください」
「私（教師）に聞こえるよう，大きな声で音読練習をしてください」

> 「たとえ最後の1人になっても，同じ声の大きさで音読しましょう」

　これらを見て，「具体的な指示とは，なんだ，この程度か」と思ったかもしれません。「これくらいであれば誰でもやっているよ……」と思ったかもしれません。

　その感想は半分正しく，半分間違っています。なぜなら，他の先生方の授業を参観する際，このような指示ですら，出すことができていない方も正直いらっしゃいます。

　そういう先生は「聞き手が高校生なのだから，これくらいは言わなくてもわかるだろう……」と考えているのでしょう。しかし，実際には「言わなければわからないこと」も多々あります。

　教育現場には，「この程度は言わなくてもわかるだろう」と考える教師と，「この程度でも言っておこう」と考える教師という2種類の教師がいます。そして，高校という教育現場では後者は思っている以上に少ないのです。

　本書を手に取るような熱心なあなたには，釈迦に説法かもしれませんが，これは教師の想像力の問題でしょう。この指示を出すことで（あるいは出さないことで），生徒はどのように行動できるか。それを考えられる教師は，一見細かいと思われるかもしれない具体的な指示を出すことができます。

　上記のような程度の指示であれば，すぐできると思いませんか。そう思うのであれば，ぜひ明日から実践してみてください。

　知識として知っているだけでは，何も変わらないのです。人は行動によってのみ変わるということを，あなたは知っているはずですから……。

05 指示で押さえるべき 5つのポイント④

指示に従う・従わないときの「対応」を決める

指示のポイント④ 身近な「お手本」を見つける

あなたが出した指示をわかりやすく伝える一番の方法を教えます。それは，生徒にとっての身近なお手本を見つけることです。

身近なお手本を提示する方法は2通りあります。1つ目は，**あなた自身がお手本を示すこと**です。つまり，あなたが率先垂範するというわけです。

上手なお手本を示すのもよいですが，「こんなことに気をつけてほしい」というねらいで，あえて失敗するのも有効な手法の1つです。

たまに，生徒の前で間違えたり，失敗したりすることを恐れる教師がいますが，それでは生徒に「失敗を恐れてはいけない」と伝えられません。失敗することを恐れる必要はないのです（もちろん，後のフォローを忘れずに）。

2つ目は，**あなたの指示にしっかりと従うことができている生徒を見つけ，それを周囲の生徒に伝える**という手法があります。

具体的には，次のような感じです。

「○○さんの聞く姿勢がいいですね」

「△△くんはこのように解いているので，**参考にしてみてください**」

「この部分のノートのとり方は□□さんが素晴らしい」

加えて，生徒によっては，皆の前でほめられるのが苦手な生徒もいるため，表情を見ながら配慮するようにしています。

指示のポイント⑤ 指示通りできないときの「対応」

　ただし，中には指示通り動けない生徒もいるでしょう。その場合，叱ったり指導したりすることは避けられません。

　叱ることに関しては前述していますが，大切なことなので今一度，ポイントを2つだけ紹介します。

　1つ目は，**その生徒の「行動」を叱ること**です。

　たとえば，あなたの授業中，いつもノートに落書きをしている生徒がいたとしましょう。それを叱るときに効果的なセリフは次のどちらか，少し考えてみてください。

　① 「いつもいつも落書きをしていて集中していなくてダメなヤツだなぁ」
　② 「今は落書きしてもいい時間ではないですよ」

　私ならば②のように伝えます。①は，過去のことを引き合いに出し，人格を否定してしまっているからです（でも，何気なくこのように口に出す先生，あなたの周りにいませんか……）。今の行動をシンプルに叱る。これは，ぜひ身につけたい習慣です。

　2つ目は，**叱る時間と効果は「反比例」する**ということです。これは持論ですが，叱る時間が長ければ長くなるほど，その効果は薄れていきます。

　自分の身になって考えてください。上長に厳しく指導されるとき，最初は緊張感が続きますが，そのうち「まだ終わらないなぁ……」「また同じ話だ……」というように，余計なことを考え出してしまいませんか（私だけかもしれませんが……）。もちろん，法に触れることや命にかかわること，人としての尊厳にかかわることであれば，長い時間をかけても諭すことが必要です。しかし，それ以外の注意事項であれば，そこまで長時間の指導はあまり効果的ではないことを覚えておきましょう。

06 授業で「信頼関係」を構築する方法

ココだけは押さえるポイント

「些細なこと」ほど大切にする教師になる

「個人差」を把握する

　ここで言う授業に関する個人差とは，大きく分けて**学習（成績）状況・身体的状況・精神的状況・家庭状況**などが挙げられます。

　学習（成績）状況は，授業への取り組みや課題などの提出物状況，テストの点数などで把握しやすいでしょう。ただし，担任しているクラスでもない限り，身体的状況や精神的なもの，そして家庭状況を把握するのは困難です。

　そこで，私は別のクラスの担任の先生にこう聞いています。

「誰か配慮が必要な生徒はいますか？」

　こう聞くと，担任の先生もいろいろと話をしてくれます。ここでの個人差の把握が次の個人差をふまえた言動につながっていきます。ですから，この問いかけは必ず実践してください。ちなみに，たとえば一度きりしか受けもつことがないような自習の際や，定期テストを監督するクラスについても，このようなことを私は必ず聞くようにしています。

「差別」と「区別」は違う

　これは考え方です。ここまで伝えてきたことは，個人差を考えるということですが，これは「差別」するということではありません。個性溢れる個々

の生徒全員に対して，まったく同じように対応することが本当の意味での平等ではないのです。

　ちなみに，この「差別」「区別」という言葉は，手元にある『集英社ポケット国語辞典』によると，

　　さべつ【差別】〔名・スル〕①不当に差をつけること。分け隔て。

　　くべつ【区別】〔名・スル〕①差異・種類などによって別々にすること。

とあります。思いやり，あるいは気遣いという天秤によって，生徒を「区別」することは，決して悪いことではありません。

　また，教育基本法第二条（本書執筆時）には，こうあります。

　「個人の価値を尊重して，その能力を伸ばし，創造性を培い，自主及び自律の精神を養うとともに，職業及び生活との関連を重視し，勤労を重んずる態度を養うこと」

　「個人の価値」とは，それぞれの生徒がもつ個性なのではないでしょうか。それらを把握しつつ，育てていくことが大切だと教育基本法にも謳われているのです。

　この「差別」と「区別」について，私には忘れられないエピソードがあります。あるとき，私が授業を担当していたクラスに，何を話しても反応がない生徒がいました。しかし，私はあえて「区別」することなく，他の生徒と同様に話しかけ続けたのです。

　そうしているうちに，その生徒が二・三言ですが返してくれるようになりました。周囲の生徒たちの話では，その生徒が返事をする教師は私くらいだと聞き，継続的な働きかけの大切さを改めて実感したのです。

　ここで私が一番伝えたいことは，さまざまなことをよく考えた上で生徒と接してほしいということです。思いつきや気分ではなく，根拠ある行動をとることこそ，生徒や周囲の同僚から信頼されるための秘訣だと私は信じています。

07 できる教師が言える，2つの言葉①

ココだけは押さえるポイント

当たり前を「当たり前」だと考えない

当たり前だと思うことにも「ありがとう」

　学校生活の中では，私たち教師は生徒がやって当たり前だと思っていることがあります。授業前や後に板書を消すこと，授業準備のちょっとした手伝い，日直やいろいろな当番，そして掃除などです。

　そのような生徒が当たり前のようにやってくれたことに対して，「ありがとう」と言ってみましょう。

　すると，不思議なことが2つ起こります。1つ目は，**これまでより生徒の行動がスピードアップ**します。誰だって感謝の気持ちを伝えられればうれしいので，頑張ってしまうからです。

　2つ目は，**指示を出さずともやってくれる**ようになります。私たちがうるさく指示を出すより，「ありがとう」と言うほうが効果的なのです。

　生徒に「ありがとう」と言うことが恥ずかしいと思っている方は，今こそ考えを改めるチャンスです。

　歴史上には考えを改めることを恥とは思わない，すごい人がゴロゴロいます。たとえば，坂本龍馬がその1人です。

　「ありがとう」は「有難う」と漢字で書きます。これは「滅多にない，貴重なこと」という意味です。目の前の生徒たちが今，ここに存在しているだけでも奇跡だと思えれば，自然と口にできる言葉なのではないでしょうか。

「感謝」は言葉にしないと伝わらない

　私たちが頭の中で考えていることは，自分以外の誰かにはわかりません。この事実は当然のことだとわかっていても，それを意識して行動できるか否かで，生徒から教師への信頼は大きく変わります。

　換言すれば，**想いを言動や行動にして表すことを厭わない教師に，生徒は信頼を寄せます。**だからこそ，あなたの感謝の念や自分の気持ちを生徒に言葉で伝えるのです。もしかしたら，教師のプライドが邪魔をして生徒に感謝の気持ちを表すのが苦手な方がいるかもしれません。そういう場合，「感謝の気持ちの表し方を指導する」と考えてみてはいかがでしょうか。

　あなたが，ちょっとしたことに感謝の意を言葉で表すようになれば，それを見た生徒たちもそれをまねするようになります。時間にルーズな教師が担任するクラスの生徒が時間にルーズになるように，提出物管理を徹底する教師が担任するクラスの生徒が提出物に高い意識をもつように，よきにしろ悪きにしろ，教師の行動は，まず生徒に影響を与えます。

　ちょうど水面に，雫が落ちて波紋を広げるようなイメージです。あなたの「ありがとう」が生徒の心に響き，それをまねした生徒の「ありがとう」が，他の誰かの心に響くようになります。

　これは大げさでもなんでもなく，これまで私が担任してきた，あるいは，授業を担当してきたクラスすべてにおいて当てはまることです。

　教師と生徒が「ありがとう」を言い合える，そんな善循環スパイラルを巻き起こすには，教師であるあなたが口火を切ることが手っ取り早い方法です。

　率先垂範，言動一致。これにまさる指導はありません。また，これは蛇足ですが，普段から「ありがとう」と言える感謝習慣を身につけるために，家族をはじめ，仕事の同僚，コンビニやファミレスの店員さん，その他，生活でかかわるすべての方に「ありがとう（ございます）」と言えるタイミングを見つけては，私から口にするようにしています。

08 できる教師が言える，2つの言葉②

 ココだけは押さえるポイント

大切にしたい，「謙虚な気持ち」

教師が大切にしたい「朝令暮改」という考え方

　あなたは，生徒の前で前言撤回することについて，何かしらの抵抗を感じていませんか。たとえば，授業内容が間違っていた，あるいは，あなたが伝えたホームルームでの連絡事項が間違っていた……。そのような事態になったとき，素直に間違いを認め，謝罪しつつ，間違いを正せますか。

　これはだいぶん昔の考え方になるかもしれませんが，「教師が言うことは常に正しい」という既成概念をもっていると，なかなか自分の間違いは直しづらいものです。

　これは自戒の念も込めて書きますが，人の上に立つ「先生」と呼ばれる人は，自分の考えや発言を訂正するのが苦手な方もいるようです。よい意味で捉えればしっかりとした軸がある，悪い意味で捉えれば柔軟性がないとも言えます。

　このことをふまえると，「あなたが間違えている」とわかったときの対応で，生徒からの信頼の度合いは大きく変わります。

　ボタンをかけ間違えたと気づいた瞬間に，もう一度最初からボタンをかけ直せるかどうか。生徒に「ごめん」と言って，ボタンを最初からかけ直せる教師だけが，生徒の信頼を得ることができます。

　私たち大人もそうですが，そういう**朝令暮改を恐れないリーダー**の話に生

徒は耳を傾け，指示に素直に従いたくなります。

「変なプライド」は捨てる

　前述の通り，教師が自分の間違いを「ごめん」と素直に言えるかどうかで，その教師を信頼できるかどうかが決まります。

　社会においても同様です。企業が何か問題を起こしたときには，必ず謝罪会見が即座に行われます。もちろん，そのような会見には企業イメージを悪くしないための意図もあるでしょう。たとえ，それがわかっていたとしても，それを行動として表すことに意味があるのです。

　自分が間違っていたとわかったら，すぐに生徒に「ごめん」と言えるだけで，不思議なくらい生徒はついてきてくれるようになるのです。

　あなただって，自分の誤りを素直に謝ってくれる人と一緒に仕事をしたいと思いませんか（私はしたいです）。同じように，生徒だって，素直に謝ってくれる教師と学校生活を送りたいのです。

　「先生は間違ってはいけない」という変なプライドは，今すぐ捨てたほうがよいでしょう。**そのプライドを捨てた途端，今まで以上に多くの生徒たちからの正直な声が届く**ようになります。

　大切なことなので繰り返しますが，素直に謝ることができる生徒に成長してほしければ，まずあなた自身が率先垂範する。この考え方は，担任だからとか，授業担当だからとか，関係ありません。どのような生徒，人に対しても同様の接し方をすることが模範を示すことになります。

　「ありがとう」や「ごめんなさい」を言える意識づくりは直接授業に関係ないと思う方もいるかもしれませんが，普段の授業やクラス運営時に生徒との信頼関係づくりのための礎ともなる考え方だと私は考えています。

　教師として，もっと言えば，人として，生徒たちのお手本となるような大人になりたいものですね。

09 発問では「ASK の法則」を意識する①

ココだけは押さえるポイント
「発問がもつ力」を知っておく

「脳のスイッチ」を ON にする

「今朝，あなたは朝食で何を食べましたか？」

　こんな発問をしたとします。今，あなたがこの発問をされたと思って読み進めてみてください。いかがですか，私は答えを聞いていないのに，あなたはついつい何を食べたのかを考えてしまいませんでしたか。これが発問によって引き起こされる不思議な現象です。

　ここで伝えたいことは２つあります。それは，人は発問されると，

　①思い浮かべて　②考えてしまう

ということです。

　「①思い浮かべて」 というのはどういうことでしょうか。具体例を用いて説明します。次の一文を読んでみてください。

　「ピンク色のゾウを頭にイメージしないでください」

　いかがですか。ついついピンク色のゾウ（あるいはゾウの形をしたぬいぐるみやキーホルダーなど）を頭にイメージしてしまいませんでしたか。

　人は，**言葉で伝えられると，それが禁止を意味するものであっても，思わずイメージしてしまう脳の習性があります。**この習性を利用して，発問を繰り返し，生徒にいろいろなイメージをもってもらうわけです。問いかけられ

るだけでイメージしてしまうなんて，脳の力は底知れないものです。

脳は「最高の検索エンジン」

「②考えてしまう」というのは，先ほどの朝食についての発問のように，ついつい自分で答えを探してしまう脳の習性を表しています。

つまり，問いかけてさえおけば，脳は自動的に答えを探し続けてくれるというわけです。これほど便利な検索エンジンはありません。

また，脳にはこんな効果もあります。簡単な例を挙げましょう。

①今，手にしているこの本から目を離し，周囲の景色を眺めてください。
②次に「赤色のモノ」という意識をもってください。
③もう一度，あなたの目の前に広がっている景色を見てください。

いかがですか。①では意識しなかった赤色のモノに気づきませんか。これは心理学用語で**カラーバス効果**と呼ばれ，意識することでそれに関係する事柄が目や耳に飛び込んでくるようになるという心理的効果です。この効果は色に限らず，さまざまなことに応用できます。

「体によい食べ物って何？」

「わかりやすい説明のコツってある？」

「教師にピッタリの資産運用は？」

こんなふうに自分に問うだけで，関連する情報が自然にあなたのもとに集まってきてしまうのです（これらはすべて私が気になっていることです…）。発問し続けるということは，聞き手である生徒たちに考えてもらうきっかけを与え続けることと同じです。だからこそ，授業が活性化するのです。

この効果を授業やクラス運営に応用しない手はありません。発問するだけで①思い浮かべて②考えてしまうという習性を，自分にも生徒にも活かしていきましょう。

10 発問では「ASK の法則」を意識する②

ココだけは押さえるポイント
....

「ASK の法則」とは？

発問時に心がけたい「3つのこと」

　私は発問するときに心がけている3つのことがあります。それらを「尋ねる」という意味の英単語になぞらえて，**「ASK」の法則**と呼んでいます

「ASK」の法則
① Accept（受け入れる）
② Seek（見つけ出す）
③ Know（知る）

「ASK」の法則を押さえる

■① Accept（受け入れる）　どんな発言でも一度は「受け入れる」

　あなた自身が授業を受ける側だったときのことを思い出してみてください。

　教師が発問したとき，あなたはすぐに挙手して発言できる子でしたか。私はそうではありませんでした。理由は，間違うのが怖かったからです。

　この気持ちを知っている，あるいはこんな経験をしているあなたは，生徒の同じような気持ちがわかっているので発問するときにも配慮ができます。

「間違ってもいいんだよ」

　この一言は，「どんな発言でも，答えとして受け入れますよ」という教師側の意思表示です。そのような安心できる授業環境では，正解・不正解に関係なく，生徒たちは積極的に発言できることでしょう。

■② Seek（見つけ出す）　生徒たちの興味・関心を「見つけ出す」

　発問するときの第2の基本ルール，それは「生徒の気づき」というダイヤモンドの原石を「見つけ出す」ということです。

　学校の授業とは，自分が知らないことを見つけ出す場でもあります。授業で行うことを生徒がすべて知っていたら，それこそ興味・関心をもって臨むことはできないでしょう。ですから，教師としてあなたがすべきことは，発問を通して生徒が知らないことに気づかせ，共に考えていくことです。

　ただし，ここで気をつけておきたいことがあります。それは，生徒の興味・関心は時代によっても変わっていくということ。一昔前の生徒がこのことに興味があったとしても，今の生徒がそうとは限りません。

　私たち，教師も考え方をアップデートしていくことが求められます。

■③ Know（知る）　発問で得られるものを「知る」

　発問に対する答えには，2つのパターンがあると私は考えています。それは，**正しさを求めるものと納得を求めるもの**です。この2つがあって初めて学びが充実していきます。

　たとえば，発問を通して，生徒同士で学び合いの時間を設定するとします。そんなときに，勉強が得意な子がそうでない子に教えてあげるというだけでなく，**生徒それぞれの個性や考え方の違いを受け入れ，お互いにないものをはめ込んでいく**というようなイメージをもってみてください。

　それを実現するために，明確な意図はあるけれど一方的な指導でもない，生徒には心地がよいけれど方向性が曖昧な支援でもない，近年話題になっているファシリテーターとしての役割が教師には求められているのです。

11 発問では「ASK の法則」を 意識する③

ココだけは押さえるポイント
....

「4つの発問」を知っておく

発問は「4つ」に分けられる

　授業中，あなたが何気なくしている発問には，実は4つの種類があること を知っていますか。あくまで，私なりの発問の種類分けですが，以下の図を 見てください。それぞれについて，簡潔に説明していきます。

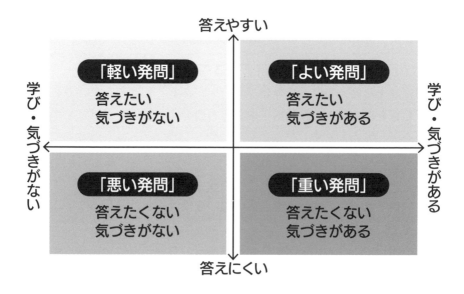

■「軽い発問」の特徴

　授業冒頭で，私が必ず使うのが，この「軽い発問」です。先ほどの図をご覧いただくとわかりますが，「軽い発問」とは答えやすく，気づきがない発問です。簡単に言えば，**「生徒との関係をよくする発問」**ということになります。

■「悪い発問」の特徴

　「悪い発問」とは，**生徒との関係を悪化させ（よくせず），生徒の気づき，行動，成長にもつながらない発問**のことです。発問された生徒が不快になったり，悲しくなったり，ネガティブな気持ちになる発問だと言い換えることもできます。一言で言えば，生徒に「先生，なぜそんなことを聞くんですか？」と思われてしまう発問です。

■「重い発問」の特徴

　「重い発問」とは，**発問をされた生徒が「答えづらい」けれど，気づきや行動につながる発問**です。換言すれば，発問をする側からすると聞きにくいことであっても，相手の成長にとって必要であると確信し，あえてする発問とも言えます。

■「よい発問」の特徴

　年齢に関係なく，ほとんどの人は「成長したい」「成功したい」「理想の自分になりたい」という思いがあります。**「よい発問」とは，それらを引き出す発問**です。今一度，自分の授業を振り返ってみて，自分の発問が「軽い発問」ばかりだと思ったら，どうしたら生徒に学びや気づき，行動をもたらすことができるのかを考える。「重い発問」をしてしまいがちだと思ったら，生徒が自ら答えてくれるような聞き方や内容をいろいろと試してみる。

　ストレートに「よい発問」をしようとしてもいいですが，こうした方法でも，きっと「よい発問」をできるようになるはずです。

12 発問では「ASK の法則」を意識する④

 ココだけは押さえるポイント
....

「よい発問」を実践してみる

具体的な「よい発問」とは？

ここでは，主にホームルームでの「よい発問」の活用法を紹介します。

■「よい発問」の例①「本当に手に入れたいもの」を聞く発問
「もしも，お年玉で１億円をもらったら，ほしいものは何ですか？」
「神様が１回だけ夢を叶えてくれるとしたら，何をお願いしますか？」
「お金がもらえなくても，時間を忘れて夢中になれることは何ですか？」

これらは，発問を通して自分の夢や理想に向き合う時間をもってもらうことがねらいです。換言すれば，「have to〜」（〜しなければならない）から「want to〜」（〜したい）にフォーカスする時間をつくるということです。

■「よい発問」の例②「言葉の意味」を聞く発問
「『思いやり』ってどういうことなんだろう？」
「みんながよく言う『一生懸命』ってどういう状態かな？」
「『勉強する』意味って何だろう？」

この発問は，生徒によって千差万別な答えが返ってきます。生徒によって「言葉」の定義はさまざまだからです。このような発問を通して，自分がよく使う言葉について，きちんと定義づけしている人というのは案外少ないこ

とを知ったり，人によって認識が違うということを学んだりすることができます。

■「よい発問」の例③「当たり前と思っていること」を疑う発問

「どうして『学校』ってあるんだろう？」

「『朝ご飯をしっかり食べたほうがいい』のはなぜだろう？」

「どうして『よく噛んで』食べないといけないの？」

　普段，「当たり前と思っていること」について，それが本当にそうなのかと聞いてみるのも「よい発問」になりやすい手法です。生徒も教師も関係なく，「それは当たり前」と思い込んでいることは，その人にとって一種の盲点です。その意義について，これまで深く考える機会をもってこなかった生徒であればなおさら，改めてそれについて発問することは「よい発問」となる可能性があります。

■「よい発問」の例④「立場を変えてみる」発問

「君が先生だったら，どうする？」

「もし，自分が親だったら，自分自身になんて言いますか？」

「もし，自分が校長先生だとしたら，どんなことを生徒に伝える？」

　たとえば，「先生の話が長いです」と言ってくる生徒に対して，「逆の立場だったらどうする？」と聞いてみます。その生徒は，「わかりやすく話します」「長話はしません」というように答えるかもしれません。そこで，さらに「わかりやすく話すためにはどうすればいいのかな？」と聞くのです。

　このような発問を通して，その生徒自身が発言するときの意識づけができます。このように立場を変えて考えるだけで，それまでまったく想像もしなかった発問や答えが次々に生まれてくるのです。

　あくまで一例ですが，このような「よい発問」を意識していきたいですね。

13 発問で押さえるべき 5つのポイント①

発問で意識したい「5つのポイント」

私が発問で意識している5つのポイントは以下のものです。

発問のポイント①「発問回数」を多く設ける
発問のポイント②「間違ってもいい」雰囲気をつくる
発問のポイント③ 生徒の「理解度」に合わせる
発問のポイント④「補助発問」を常備する
発問のポイント⑤「60秒以内」にほめる

1つ1つについて詳しく説明していきます。

発問のポイント①「発問回数」を多く設ける

私が授業をする際に意識していることの1つに，**発問回数を多く設ける**ということがあります。発問回数をなるべく多くするのは，明確な理由があります。1968年，アメリカの心理学者ロバート・ザイアンスは，人は繰り返し接すると好意度や印象が増していく効果があることを発表しました。

これは，**単純接触効果**あるいは，**ザイアンスの法則**と呼ばれ，ビジネスの

場でも積極的に用いられる考えです。代表的な例としては，テレビのCMでよく見る商品には親近感を覚え，ついつい買ってしまうというような現象がこの単純接触効果を活用した一例です。

　もっと言えば，この効果には次のような関係があります。

接触回数　＞　接触時間

　これは，ある生徒と1日50分間ずっと一緒に話すよりも，5日間，毎日10分ずつ話したほうが好感をもちやすいということを表しています。

　つまり，発問して答えてもらうというわずかな時間だったとしても，日々繰り返して行うことで生徒との信頼関係を築くには十分効果があるということなのです。

　私はこの考え方を授業でも利用し，発問を通して生徒たちと接触する機会を多く設けるように意識しています。発問回数を多くすることは，意識次第で誰でもできます。

　もちろん，授業外の普段の生徒たちとのコミュニケーションでも，単純接触効果の考えを大いに活用したほうがよいというのが私の考えです。

　では，発問回数を増やすには，具体的にどのようにすればいいのでしょうか。「教科・科目や授業の内容によっては，なかなか発問回数を増やせないのでは…」と思う方もいらっしゃるでしょう。ここでのポイントは，難しい質問をする必要はないということです。

　あくまで，発問の目的は生徒たちと双方向の授業をすることにあります。ですから，誰もがわかる内容，YES・NOだけで答えられる，あるいは，すでに黒板に書いてある内容であったとしても，確認という意味でどんどん聞いていけばよいのです。むしろ，大切なことは何度聞いてもよいのです。

　特に，小・中学校に比べ，高校は講義型の授業が行われやすいことから，一方的な授業になりがちです。だからこそ，生徒に働きかける機会を少しでも多く設けられるようにすることで，授業の質が大きく変わります。

　アクティブ・ラーニングのきっかけとなる発問の機会を多く設けるようにしていきましょう。

14 発問で押さえるべき 5つのポイント②

発問される側の「不安」を取り除く

発問のポイント②「間違ってもいい」雰囲気をつくる

この歳になっても，いまだに私の心に残る「発問」があります。

それは，中学校の社会の時間での出来事です。それは国府（こくふ）について勉強しているときに，先生が黒板に「国府台」と書いて，私にこれを読めるのかを聞いたのです。

何の疑いもせずに，「"こくふだい"です」と答えた私は，クラス中から大笑いされ，恥ずかしい思いをした記憶があります（ちなみに，これは千葉県の地名で「こうのだい」と読みます）。

このとき，当時の授業担当教師が少しでもフォローをしてくれたのであれば，ここまで記憶に残ることはなかったかもしれません。しかし，そのようなフォローがなかったため，大人になった今でも記憶にしっかり残っているのです。このときの経験を忘れず，私が教師になってからは，年度はじめの授業でこう伝えるようにしています。

「たとえ答えが間違っていても，馬鹿にして笑ってはいけません。誰だってわからないから勉強するのです。人を馬鹿にして笑う人を，私は叱ります」

誰だって，間違えて恥ずかしい思いをするのが嫌ですから。そのような失敗を恐れ，先生からの発問や指名を好ましく思わないようになっていきます。

　あなたがそのような生徒の気持ちをわかるように努めるのであれば，ちょっとした発問や言い回しにも気を配れるのではないでしょうか。

　生徒のやる気を引き出すのも，芽を摘むのも，ちょっとした一言です。そのことをぜひ忘れないでください。

間違ってもいい，「安心な雰囲気」をつくる

　上記のことをふまえ，私が一番気をつけているのは，**「間違ってもいいんだ」という安心感の中で，生徒たちが授業に参加できるようにする**ことです。

　そのために，前述のような声がけに加え，私の失敗談を伝えたり，私があえて間違えたりすることもあります。その間違いを生徒に探してもらうことで，間違いやすいポイントに気づいてもらうのです。

　普段，どのクラスの授業でも，発問するたびに，「間違っても大丈夫。自分が考えていること・思っていることを言ってみてください」と私は継続的に伝えています。このような取り組みを通し，間違うことを恐れない環境は少しずつできていきます。大切なことは継続です。

　勤務校の研究授業や他の学校の研究会などの授業を見ても，生徒に間違わせることを恐れ，発問する機会自体が減っていることを実感しています。

　しかし，見方を変えれば，人は間違うことで学ぶことも多いため，間違うことを恐れずに発言したり，試行錯誤したりすることが重要だと個人的には考えています。

　振り返ってみて，あなたの授業はどうでしょうか。ついつい生徒たちが間違うことを恐れてはいませんか。その気持ちは授業の発問にも必ず現れてしまいます。

　授業におけるあなたの重要な役割は，生徒たちが委縮せずに，のびのび学ぶことができる環境を整えること，これに尽きます。

15 発問で押さえるべき 5つのポイント③

発問のポイント③ 生徒の「理解度」に合わせる

　私が授業における，生徒の理解度をチェックするために意識的に行っていることは，次の3つです。

■さりげない問いかけ

　休み時間や何気ない生徒たちとの会話の中で，今行っている授業がどれくらいわかっているかをさりげなく探ります。「○○ってわかる？」「□□ってどういうことだっけ？」というようなフレーズが有効です。あまりにも理解度が低い場合，たとえ同じ内容だったとしても，繰り返し取り扱います。

■小テスト

　成績をつけるというよりは，理解度をはっきりさせるための簡単なテストを行います。私の場合，生徒にも小テストの意図をしっかり伝え，ありのままの状況で受けてもらうようにしています。

■授業アンケート

　授業担当の生徒に対して，私が独自で年に2，3回行っています。授業における生徒の正直な意見を聞き，今後の授業に反映させます。

特に「どんなところがわかりづらいのか」ということを抽出するのが主な目的です。そのニーズを満たせるように授業改善を行います。

発問のポイント④ 「補助発問」を常備する

授業中，あなたの発問に対して，生徒が答えるのに詰まったとき，あなたはどう対応しますか。これはあくまで私の予想ですが，その生徒がかわいそう（あるいは授業が進まない）なので別の生徒を指名する，あるいは，何とかしてその子に答えてもらうという2パターンに大きく分かれます。

ちなみに，私は後者です。なぜなら，**その子が何とかして答えることで，達成感を得てもらいたいと考えている**からです。ただし，何とかして答えてもらうためには，答えに詰まったときの補助発問やヒントを常に用意しておく必要があります。じつは，これがなかなか大変な作業なので，すぐ別の人に当てたくなる気持ちもよくわかります。しかし，こういう場面こそ教師の腕の見せどころです。予想しうる「答えに困るポイント」を打破できるような，補助発問を考えておきましょう。参考までに，生徒が答えるのに詰まったとき，私が口にする補助発問のパターンをいくつか紹介します。

> 「**どこか黒板に書いていないかなあ…**」（指をさすジェスチャーも）
> 「**Aか，Bかで言うと，どっちかな？**」（選択肢を挙げる）
> 「**○～○ページの間に書いてあるかも…**」（教科書を見ながら）
> 「**あれ，昨日のノートに書いてあったような**」（思い出すふりをして）
> 「**こう考えてみてもいいよ**」（発問の視点を変える）
> 「**本当にそれでいいかな？**」（答えに対し，意味ありげな感じで）

「え，このレベルの補助発問でいいの？」と思った，そこのあなた。大丈夫です。大切なことは，答えがわからない生徒に寄り添うことなのですから。少しでも生徒が考えやすい環境づくりができるよう，意識していましょう。

16 発問で押さえるべき 5つのポイント④

ほめる「タイミング」を見逃さない

発問のポイント⑤ 「60秒以内」にほめる

　発問に対して，生徒が答えられたことに対し，ノーリアクションなのは機会損失です。私であれば，その生徒が答えられたことを一言でもいいので，ほめます。さて，そこで問題です。

　「ほめること」の効果を最大限にする有効期限は，どれくらいだと思いますか。

**　「行動科学には『60秒ルール』と呼ばれるものがあります。数々の実験の結果『人は，行動してから60秒以内にほめられると，またその行動を繰り返すようになる』というのです」**

　これは日本の行動科学マネジメントの第一人者である石田淳さんの著書『子どものしつけがうまくいく！おかあさん☆おとうさんのための行動科学―子育てが楽になる『とっておき』のスキル』（フォレスト出版）の一節です。

　ここで重要なのは「60秒以内」という部分です。言い換えれば，この60秒間が，ほめる効果が最大限に活かされる「有効期限」となります。

　たとえば，授業中，ある生徒がとてもよい発言ができたとします。そのとき，その場で「いい考え方だね！」とほめるとその子の心に響きやすいとい

うことです。

　その生徒に，授業の1週間後，「あのときの発言，よかったよ」と言うのでは，言わないよりはマシですが，生徒によっては「？」となってしまいかねません。

　あなたが，今まで何気なくほめていたのであれば，この有効期限はぜひ意識してみてください。「これくらい答えられて当然……」「後でほめればいいや」と思ってしまっていた方は，生徒のやる気を育てるチャンスを逃しているのです……。

60秒以内に「ほめるコツ」

　もしかしたら，すぐにほめるのが苦手という方がいるかもしれません。そういうあなたにおすすめなのが，ほめる言葉フォーマットをあらかじめ用意しておくというテクニックです。

　「素晴らしい考えだね！」「よく答えられました！」「なかなかそんなアイデア出せないよ！」などの定番フレーズに加え，**この生徒にはコレというような，生徒別にほめ言葉を準備してもよい**でしょう。何もそこまでしなくても……と思うかもしれませんが，60秒以内にほめることを第一に考えるのであれば，これは決して無駄ではないのです。

　また，人間心理として，よくできるとどうしてもいろいろなことをほめたくなってしまいます。生徒思いの教師であれば，その傾向はより顕著でしょう。しかし，できれば一度に1つのことをほめるほうがよいのです。

　たとえば，A，B，C，Dとほめたいことがあった場合，「AとBとCとDがいいね」とほめるより，たとえ本音に差異はなくとも，思いきって「Aがいいね。なぜかというと……」とたった1つのことについて詳しくほめるほうが相手の印象に残ります。

　ルーペで日光を集中させて紙を点火させるように，1点集中でほめると，生徒の心にもやる気という名の灯がともることを覚えておきましょう。

4章

板書
―「CHALK の法則」で
板書が変わる

01 「CHALK の法則」を押さえる①

塾と学校で学んだ，板書の「5つのポイント」

「CHALK の法則」とは？

　私は前職で，小・中学生対象の塾の教室長として授業や教室運営を行っていました。その塾では，現場の教室に配属される前に，約1か月に及ぶ厳しい研修がありました。

　そのときに学んだ内容とその後の教育現場で培った経験をもとに，板書の基本ルールを編み出しました。

　それを教師が使う CHALK（チョーク）になぞらえて，「CHALK の法則」としてまとめ，普段から意識しています。

「**CHALK の法則**」
① **C**olor（色）……「色使い」のルールを決める・考えさせる
② **H**eadline（見出し）……見出しをつけて「テーマ」を共有する
③ **A**ccount（説明する）……板書の「使い方・ルール」を説明する
④ **L**ookback（振り返る）……「2つの視点」で板書を見返す
⑤ **K**indness（親切心・優しさ）……「確認」しながら進める

　それぞれのポイントについて，細かく説明していきます。普段，あなたが意識していないもののみで構いませんので，目を通してみてください。

「CHALK の法則」① Color（色）

1つ目は，板書の色使いについてです。

実は，年度最初の授業で，私が必ず生徒たちに聞くことがあります。

それは，

「チョークの色の中で，一番目立つのはどの色だと思いますか」

という質問です。

生徒たちにいろいろな考えを聞き，最終的に一番目立つ色が決まってから，**「この色を授業の中で，一番大切なところで使います」** というルールを伝えています。

あなた（教師）の考え1つで色使いを決めてしまうのもいいのですが，このようなやりとりをしてからのほうが，生徒のチョークの色使いに対する意識が上がります。

その日その日の教師の気分次第でチョークの色使いを決めるというのは，私はあまり賛成できません。なぜなら，生徒によってはノートの色使いを自分なりに決めている生徒もいるので，教師の気分で振り回すのは好ましくないからです。

ちなみに，一般的に黒板で目立つ色は，

①黄色　②白色　③赤色

という順になります。

参考までに，ホワイトボードでは，

①赤色　②青色　③黒色

という順で目立ちます。

上記をふまえ，生徒の視覚と記憶に残る，あなたなりの板書案を考えてみてください。

02 「CHALK の法則」を押さえる②

ココだけは押さえるポイント

あなたの板書のルールを「伝える」

「CHALK の法則」② Headline（見出し）

　少し思い出してみてください。あなたは板書をするときに，その時間で学習する内容の見出しを黒板に書いていますか。

　もし，この質問に対して YES であれば，このページは読まなくても結構です。万が一，見出しを書いたり，書かなかったりするのであれば，ぜひ目を通してください。

　板書の目的の１つは，**生徒たちとの情報の共有**です。黒板に教科書のページ数やタイトル，今取り組んでいるテーマを書くことによって，みんなで同じテーマについて考え，理解を深めていくのです。

　いくら生徒の自発性や対話を意識すると言っても，それぞれが別の方向を向いて学習していたのでは，学習効果はなかなか上がりません。毎回，見出しを書くだけでも，全員で考えるというきっかけづくりができるのです。

　以下は，私が使っている見出しです。参考にしてみてください。

①ヘッダー……………学習内容を提示する役割をもつもの
②チェックポイント…学習内容の重要事項を表すもの
③プラスポイント……学習内容の理解を補填するもの

「CHALK の法則」③ Account（説明する）

「授業中の説明は大切です」と聞くと，ほとんどの方は，授業内容についての説明を思い浮かべます。しかし，授業中の説明にはもう1種類あるのです。それは，板書についての説明です。換言すれば，**あなたがどういうつもりで板書しているのかということを説明する**のです。

授業中は，授業内容についての説明が大半の時間を占めますが，板書内容についての説明ができるかどうかで，生徒の学びやすさに差が出てきます。

では，具体的にどのような説明をするのか，私なりのポイントを3つお伝えします。

■「色使い」についての説明

前述の通り，生徒と一緒に色使いのルールを決める場合は不要ですが，あなたなりの色使いのルールがある場合，それを事前に生徒に説明してあげましょう。ポイントとしては，その説明は年度はじめや学期のはじめなどにすることです。

■「スペースのとり方」についての説明

「見やすくするためにここを2行空ける」

「のちほど書き加えるスペースを空ける」

などの説明をその都度してあげると，生徒は学習しやすくなります。この指示をするためには，事前の綿密な板書計画が必須となります。

■ノートへの「写し方」についての説明

生徒がノートに写す際に，注意すべき点を説明します。横長の黒板の内容を，ノートの判型へ転換させるコツも伝えましょう。事前に，生徒が使っているノートと同じもので板書案を作成すると指示が出しやすくなります。

03 「CHALK の法則」を押さえる③

ココだけは押さえるポイント

「聞き手」の視点になることが大切

「CHALK の法則」④ Lookback（振り返る）

　私は塾で勤務していた経験から，次の２つの視点をもって自分の板書をセルフチェックしています。

【栗田の板書チェック２つの視点】
■その① 「ムシ」の目
　板書を局所的・部分的に見返す視点を，私は小さな虫にたとえて「ムシ」の目と呼んでいます。具体的には，自分が書いた板書を黒板近くからその場で確認します。

■その② 「トリ」の目
　上記に対し，大空に飛んでいる鳥が大地を見下ろすように，広い視野で板書を見る視点を「トリ」の目と呼んでいます。具体的には，机間指導の際，教室後方から板書を見て，全体のバランスや線が曲がっていないか等を確認します。

　板書は書いて終わりではありません。上記の視点でチェックし，見づらい部分や修正したい部分があれば，生徒たちに「ここが見づらいので書き直し

ますね」と一言伝えて書き直すようにしています。

「CHALK の法則」⑤ Kindness（親切心・優しさ）

　板書における，親切心・優しさとは，いったい何でしょうか。それは，**授業を受ける生徒たちの気持ちになって，あなた（教師）が行動する**ということです。

　板書に限って言えば，あなたは次の２つの確認をするだけで，生徒たちがスムーズに学習できる授業になります。

■その① 板書を「消してもよいか」の確認

　板書を消そうとする部分を示して，「ここまで消してもいいですか？」と聞くだけです。たったこの一言だけですが，これがあるだけで，生徒は「先生は自分たちのことを考えてくれている」と感じます。

　授業担当クラスの中で，ノートを写すのが遅い生徒を把握し，その子の様子を見ながら確認するとよいかもしれません。

■その② 板書が「見えるかどうか」の確認

　もう１つの確認は，生徒たちに板書が見えるかどうかを確認することです。

　たとえば，黒板の左端ギリギリに書いた板書は，座席の最前列の右側の生徒が見づらいというように，板書を書く位置によっては，座席によって板書が見えづらい場所があります。

　また，最後列の生徒には，字の大きさがこれで見えるのかを授業冒頭で確認します。そのような，特に板書が見えづらそうな生徒たちに向けて声がけをすると効果的です。

　高校生相手なのだから，このような些細なことを気にしなくとも……と考える方もいますが，実はその逆です。このような配慮ができる教師が少ないからこそ，少しの気遣いで生徒からの信頼が寄せられるのです。

04　栗田流「板書」のつくり方①

ココだけは押さえるポイント
....
授業案は授業の「設計図」

「逆算思考」で考える

　教育実習時から，授業における基本の流れを徹底的に身につけてきたあなたであれば，このページは読み飛ばしてもらっても構いません。

　授業の基本的な流れは，「導入」→「展開」→「まとめ」です。板書案もこの流れに則って考える必要があります。当たり前と言えば当たり前ですが，経験を積み，慣れが出てくると，ついついこの流れを軽視してしまうもの。

　しかし，何事も基本の徹底は重要です（きっと，あなたも授業中に生徒にそう伝えているはず……）。

　私も，この基本の流れをふまえていますが，少しだけ工夫していることがあります。それは，授業の導入の板書から考えるのではなく，**「まとめ」から考える**ということです。

　もっと言えば，最初にその授業の目的や目標，ゴールセッティングを考えるということです。そこに至るまでの「まとめ」や「展開」を考えていくのです。

　これは旅行に似ています。まず行き先を決め，そこに至るまでの道筋や交通手段を考える。このように授業や板書のゴールから考えていくような，逆算思考をぜひ身につけていただきたいと私は考えています。

　ここからは具体的な私の板書の考え方を紹介します。

使える「ツール」を考える

　日頃，板書だけの授業に慣れている生徒たちにとって，教具を使う授業は，学習内容をより印象づけることができます。

　ここでのキーワードは，**コンパクトにインパクトを与える**ということです。どういうことか説明します。

　ある教具を使うときに，教師自身が

「この教具はすごいんだ」

「これ，頑張ってつくったんだよ」

と長々語るのは，生徒の期待感をあおりすぎるので逆効果なのです。さり気なく教具を使い，生徒たちが「おお！」となればOKというくらいの感覚がちょうどよいということです。

　特に，教師自作の教具の場合，ついつい自慢したくなってしまう気持ちはよくわかります。しかし，生徒に教具についていろいろ聞かれたときに，そのすごさや制作秘話を話せば十分です。

　単純に黒板で使う教具と言っても，実にさまざまなものがあります。

- **・マグネットシートや模造紙**
- **・コンパス・定規**
- **・プロジェクター**
- **・電子黒板**

など，校種や教科によっても違うかもしれませんが，いずれの教具にしても，大事なことは事前準備を万全にするということです。

　行き当たりばったりで教具を使おうとしても，準備に戸惑ったり，不手際があったりすると，授業時間ばかりを浪費して逆効果です。

　「教具は準備が9割」を合い言葉に，事前準備を万全にして教具を有効活用していきましょう。

05 栗田流「板書」のつくり方②

 ココだけは押さえるポイント
....

「見やすい板書」を意識する

意図的に「余白」を多くとる

　恥ずかしい話ですが，私の学生時代を振り返ってみると，自分のノートはいつも字でぎっしり埋まっていました。少しでもノートを埋めることばかりを考え，余白を設けること自体がもったいないと思っていたのです。

　しかし，時を経て，自分が教える側になり，さまざまな勉強法や学習法について学んだり，関連書籍を読んだりしているうちに，それが間違いであることに気づきました。

　なぜ，こんな私自身の失敗をもち出すのかというと，私と同じような「余白＝もったいない」という概念にとらわれている生徒が，クラスには必ず1人はいるからです。もし，あなたがノートチェックをする先生であれば，そのことに強く共感を覚えるのではないでしょうか。

　教師であるあなたができることは，板書に余白を設け，「後でここに書き加えますよ」という一言を加えることです。つまり，**あなた自身が余白を上手に使いこなすことで，生徒たちに余白の大切さを伝えていく**のです。

　余白には，教師のコメントを書き加えたり，後で勉強したことを追記したりすることができます。

　口頭で伝えるのは簡単です。それを教師自身が率先垂範することで，余白のよさをより伝えることができるのです。

「箇条書き」を活用する

板書は，ほんの少し書き方を変えるだけでわかりやすい板書になります。

「KISS の原則」というものがあります。KISS といっても愛情表現の KISS ではありません。これは，わかりやすい文章のポイントをまとめたもので，「Keep It Simple & Short」の頭文字をとったものです。この原則が意味すること，それは，とにかく「単純に」「短く」まとめることがわかりやすい文章にするために重要であるということです。それを無意識に実践できるのが箇条書きなのです。

長々書いているモノを箇条書きにするだけで見やすさ，わかりやすさが変わるという具体例をお見せしましょう。次の文を見てください。

■箇条書きのメリット
箇条書きには内容をシンプルにし，短くまとめ，見やすくなるというメリットがあります。

これを箇条書きにまとめると，

■箇条書きのメリット
・内容をシンプルにする
・短くまとめる
・見やすくなる

いかがでしょうか。同じ内容なのに，見た目が違うだけでわかりやすさが違いませんか。このように箇条書きにするだけで，自動的に「KISS の原則」を実践することができます。よろしければ試してみてくださいね。

06 栗田流「板書」のつくり方③

 ココだけは押さえるポイント

板書で「学びやすい環境」を整える

「写さなくてもいい板書」を考える

　私は授業の導入時に，写さなくてもいい板書を使って説明をすることがあります。生徒の興味関心を引き出したり，学習するのに必要な内容の復習をしたりします。私はこれを**捨て板書**と呼んでいます。

　注意点として，この捨て板書をする前に，生徒に対して「これは写さなくていいよ」と一言伝えてから書くようにしています。

　授業中，すべての板書を写させるのもいいですが，それでは授業時間がいくらあっても足りません。だからこそ，捨て板書を上手に活用するのです。

　では，具体的に捨て板書を使うタイミングを挙げます。

・授業の導入時（授業内容と関係ないモノでも OK）
・理解できていない生徒に，内容の補足をしたいとき
・イメージをつかませたいとき
・学習内容の全体像を見せたい（俯瞰したい）とき

　いきなり全部やろうとする必要はありません。すべてを写させる板書ではなく，緩急をつけるクセをつけていきましょう。

「問題のレベル」に幅を設ける

　学習内容に対する，生徒の「理解度の差」は，ある意味，私たち教師の永遠のテーマと言えます。

　個別指導の学習塾と違い，学校では多数の生徒たちに向けて一斉授業を行わなければなりません。一人ひとりの理解度が違うのは私が論じるまでもないと思いますが，その事実に対して，あなたがどうアクションを起こすかということが重要です。

　特に，授業中，生徒たちに対して発問したり，板書で問題を提示して解いてもらったりするときに，このことを意識することが必要です。

　具体的に，問題のレベルに対する注意点は以下の2つです。

問題が難しすぎる…理解の遅い子がついていけない
問題が易しすぎる…理解が早い子たちが退屈してしまう

　このような状況をふまえて，私はこのように板書で対応しています。

> ①最低限，みんなで解くべき問題を提示する
> 　（教科書・テキストなどの基本的な内容）
> ②もし，早く終わってしまった人にはチャレンジ問題を板書やプリント
> 　で用意する
> 　（応用的な内容）

　こうすれば，理解度が高い生徒にも，低い生徒にも対応することができるのです。もちろん，これらの対応では万全ではないと考える方もいるでしょう。しかし，どのような理解度の生徒にも対応しようとする，教師側の姿勢を見せることが大切だと私は感じています。

07 ICT を考える①

「電子黒板」の実際を知る

電子黒板は「3タイプ」

　私の勤務校や，他校で行われる研究会などに参加した経験から，私が知っている電子黒板のタイプは全部で3タイプです。それぞれのメリットやデメリットを挙げます。あなたの勤務校にも導入されているものはどのタイプなのか，また，あなたの勤務校の実践もふまえながら読んでみてください。

■電子黒板のタイプ① 全面型

　全面がホワイトボードなどのプロジェクターが投影できる素材になっており，**画面を全面に映写するタイプ**です。

◎メリット◎

　このタイプの電子黒板は，全面に大きく映写できることで見やすいということが大きなメリットでしょう。映写した画面内への書き込みが可能な電子ペンが付随していればなおさら，生徒は見やすくなります。

△デメリット△

　ただ，この全面型の電子黒板を導入するには，初期投資の金額や設置までの時間がかかってしまうのがデメリットと言えます。こればかりは，一教師の範疇でなんとかなる問題ではないため，勤務校の事情や都合が大きく影響します。

■電子黒板のタイプ② 併用型

これはタイプ①同様，全面がホワイトボードなどであり，**画面が映写される部分が半面**となっているタイプです。

◎メリット◎

このタイプの電子黒板は，これまで私たちが行ってきた手書きの板書（アナログ）と，電子黒板（デジタル）が融合している点です。イメージとしては，左半面が手書き，右半面が映写画面という形です。

△デメリット△

デメリットを挙げるとすれば，これまでの黒板から導入する場合，初期投資と時間がかかることに加え，どこまでをアナログで，どこからをデジタルで指導するのかということを考える必要性が出てくることが挙げられます。

■電子黒板のタイプ③ 独立型

独立型とは，これまでの**黒板とは別の大画面のモニターを設置し，必要に応じて PC やタブレットから映写や書き込みなどを行うスタイル**です。

◎メリット◎

タイプ①・②では大掛かりな工事が必要ですが，このタイプ③であれば設置場所と電源さえ確保できれば，比較的容易に導入ができます。しかも，使い慣れた黒板はそのまま残ります。授業の理解を深めるためのもう 1 つの補助黒板が増えたというイメージです。

△デメリット△

ただし，黒板とモニターが連動しづらいというデメリットもあります。実際，私の勤務校はこのタイプなのですが，人によっては板書内容のすべてをモニターで授業をする方もいれば，授業内容の説明や問題の提示はデジタルで，解説は黒板を使うというようなすみ分けを行っている方もいます。

今後，いずれのタイプにおいても，教師に求められるのは，アナログとデジタルの両方を活用する授業スタイルと言えるのではないでしょうか。

08　ICT を考える②

「ICT」の教科・科目での活用

　ICT の利用については，教科・科目によってさまざまですが，ここでは既存の板書スタイルに付加されるメリットや活用方法について触れます。

■国語・英語・地歴公民

　主に，テキストの表示や画像・動画などの閲覧が容易になることが大きなメリットです。これまでは手書きの板書では表現できなかったビジュアルを生徒と共有することで学習効果を飛躍的に上げることができます。

　また，板書時間が減少することで，説明や問題を解くことに時間をかけることができるようになります。

　教師側もテキストをそのまま読み上げる授業ではなく，＋ a の内容を伝えることが求められるようになるでしょう。

■数学・理科

　数学では，関数の値によるグラフの変化や図形描写など，既存の板書ではイメージしづらかった部分をより鮮明に伝えることができます。また，問題解説についても，板書時間の短縮により簡潔に行うことができます。

　とはいえ，生徒本人が思考し，問題を解くというプロセスを省略してしま

うのは本末転倒です。どの部分に時間をかけるのかという取捨選択がこれまで以上に重要になってきます。

　理科については，学校ではできない実験の様子などを画像・動画を通して伝えやすくなるでしょう。数学同様，板書が手軽になることで生徒自身が思考する時間を多く設けることができます。

　ただ，一度に多くの情報を与えることができるので，これまでのように生徒が「板書内容を写す」という作業をさせるのであれば，部分的にでもプリントを用意するなどの工夫が必要です。

ICT 活用を通して「伝えたいこと」

　上記はあくまで一例ですが，ICT 活用を通し，教室という閉鎖空間のみならず，オンラインでのつながりや取り組みが容易になります。

　とはいえ，教師と生徒の対話や学び合いにおける学習効果を侮ることはできません。また，これまでの授業スタイルすべてが ICT にとって代わられるわけでもありません。

　声を大にして私が伝えたいのは，あくまで ICT はツールであり，**あなたが授業を通して，生徒にどのようなことを考え，どのようなことを理解し，どのようなことを身につけてほしいのか**という根本の部分が重要だということです。その過程の中で，ここは ICT を用いる，ここはアナログで伝えるというような選択をすることです。これからの教材研究はこのようなことを考える必要性を感じています。

　加えて，このような ICT を活用した授業実践の中で，ネットワークリテラシーやデジタル利用のメリット・デメリットも伝えていけるといいですね。

　たとえば，実際の授業で使用する画像について，ネットワークリテラシーの一環として，著作権についても触れれば，その重要性をより生徒に印象づけることができることもあります。このような学びと気づきのチャンスを逃さないようにしましょう。

5章

ノート指導と
グループ活動

―「高校」だからこそ，意識したいこと

01 高校生としての「ノートの活用法」を伝える①

ココだけは押さえるポイント
....

改めて「ノートの基本」を伝えることが重要

「ノートのルール」を共有する

「高校生に，ノート指導…？」

　もしかしたら，勉強熱心なあなたはそう思うかもしれません。しかし，あなたが授業を担当する生徒の中には，「ノートのとり方」，もっと言えば，「勉強のやり方」を教わらずに，ここまで自己流で学んできた生徒もいます。

　私は学習塾で勤務した際，そのようなノート指導についても徹底的に叩き込まれたこともあり，受けもつクラスが何年生であっても，新年度に板書のルールとノートのルールをセットで伝えています。

　具体的には，４章の板書の部分でお伝えしていることですが，

・**板書とノートの色使い**

・**効率的なノートのとり方**

・**余白を多めにとる**

などを伝えるようにしています。

　もちろん，あなた自身の考え方・やり方を無理強いする必要はありませんが，「このような手法がある」ということを紹介し，それを実践するかどうかは生徒に任せる……というスタンスのほうが受け入れられやすいというのが，私がこれまでの経験で得た結論です。

栗田流「ノートのルール」

では，具体的にどのようなことを私が話しているのかを紹介します。

■板書とノートの色使い

4章の板書のところで黒板で目立つチョークの色を以下のようにお伝えしました。

①黄色　②白色　③赤色

これを伝えたときに，自分のノートに写すときの色も生徒自身に決めさせます。そうすることで，板書とノートのフォーマットを揃え，後で見やすいノートにするのがねらいです。加えて，このようなルールを共有することで，教師自身も気分次第でチョークの色を決めるのではなく，常に一定のルールに従って色を決めるという縛りができ，一石二鳥です。

■効率的なノートのとり方

ノートをとるときに時間がとられるのは，教科書・テキストと同じ文面を写すときや板書でさまざまな色を使うときです。前者はコピーを貼り付けることで対応できます。後者は黒で書くところを先に書き，後でまとめて同じ色の部分を書けば写すスピードが上がります。このような細かなテクニックも生徒の実態によっては指導が必要です。

■余白を多めにとる

授業中にノートに記すべきことは，板書内容だけではありません。教師の口頭による説明の中で重要なことが隠されている場合もあります。それらをメモするためにノートには余白を多く設けるほうがいいのです。もっと言えば，大学などに進学後は，自ら進んでメモをとる習慣が必須になります。それらを伝え，高校在学時に習慣づけられるようにしていきたいものです。

02 高校生としての「ノートの活用法」を伝える②

ココだけは押さえるポイント

教師に見せるためのノートは「卒業」させる

きれいなノートという「呪縛」を解く

　生徒の中にはノートをきれいに書き，わかりやすくまとめることに多くのエネルギーを割いてしまう生徒がいます。それに伴い，知識や理解が深まればいいのですが，そのようなきれいなノートをつくること自体が，目的になってしまうこともあります。

　ほとんどの場合，このようなこだわりは，小・中学校時代のノート提出時に教師からほめられた経験が起因しています。

　この成功体験は，ある意味，呪縛に近いです。なぜなら，高校の授業や学習内容は小・中学校に比べ，スピードも速く，範囲も広く，同じようなノートのとり方では追いつかない部分もあるからです。そのこだわりを捨てない限り，高校の授業には順応できない場合もあります。

　ここで伝えたいのは，**見やすく，わかりやすくまとめることは問題ではないのですが，そこだけにエネルギーを割いてしまうことが問題**なのです。

　あくまでノートは，学習効果を上げるためのもの。しっかりインプットするために板書や先生のコメントを記したり，内容を定着させるために問題を解いたりします。誤解を恐れずに言えば，その際，誰が見てもきれいな状態にする必要はありません。「学習内容を定着させるためにノートは駆使するもの」という認識をもってもらうことが大切なのです。

「2種類のノート」を持たせる

　私が担任するクラスや授業担当クラスの生徒にすすめているのは，2種類のノートをもつことです。2種類のノートとは，**授業ノート**と**演習ノート**です（教科・科目の指導方法にもよります）。この2種類は用途を分けます。

■授業ノート

　授業中の板書内容や教師の説明をメモすることを目的としたノートです。言い換えれば**インプット用のノート**ですね。授業中に取り扱う問題については，後述の演習ノートではなく，このノートに解いても構いません。

　あくまで，自分自身が学習内容をインプットするためのノートなので，教師に見せるための過剰な色分けやイラストなどは必要ありません。ノートを使用する生徒が読みやすく，理解しやすくするというのが目的です。

■演習ノート

　演習ノートは問題を解く，つまり**アウトプット用のノート**です。授業ノートと分ける理由は大きく分けて2つあります。

　1つ目の理由は，提出しやすくするためです。教科・科目によっては，定期テスト前に問題集などの指定範囲を解かせ，提出させることがあります。そのときに授業ノートに解いて提出してしまうと，すぐに返却されるとも限らないため，その後の授業に支障が出るからです。

　2つ目の理由は，用途をはっきり分けるためです。授業ノートの途中で演習を入れてしまうと，復習をしたいときにノートの中で授業部分を探すのに手間がかかります。逆に，過去に解いた問題を復習したい場合は，演習ノートを開けばすぐに見つかるので，用途別に分けることに意味があります。

　私の場合，上記のようなメリットと根拠を伝え，実践するかしないかは生徒にお任せするというスタンスです。

03 高校生としての「ノートの活用法」を伝える③

ココだけは押さえるポイント

「ノートの達人」からの学びを伝える

東大ノートに学ぶ,「7つの法則」

少し昔の本になりますが,『東大合格生のノートはかならず美しい』(太田あや著,文藝春秋)という本があります。

この本には,東大に合格した生徒の実際のノート術が網羅されており,そこには東大ノートに共通する「7つの法則」が,と・う・だ・い・の・お・との頭文字を用いて示されています。

法則1	と	とにかく文頭は揃える
法則2	う	写す必要がなければコピー
法則3	だ	大胆に余白をとる
法則4	い	インデックスを活用
法則5	の	ノートは区切りが肝心
法則6	お	オリジナルのフォーマットをもつ
法則7	と	当然,丁寧に書いている

生徒の状況とタイミングを見て,私は上記のポイントを小分けにして伝えています。前述の授業ノート・演習ノートのように,実践するかどうかは生徒の自主性に任せています。

まずは「まねる」から始める

　ここからは，東大ノート「7つの法則」に触れながら，私が生徒に伝えているノート術について述べます。何事も，「まねる」ことから始めると上達が早いことから，実践しようとする生徒には何もアレンジせずに，まずはそのままやってみるように伝えていることも付け加えておきます。

■ 法則1　と　とにかく文頭は揃える

　先ほど挙げた書籍の中には，実際の東大合格者のノートの写真が網羅されているのですが，見事に文頭が揃えられています。

　ただ，すべてが同じ位置というわけではありません。横書きの場合，単元名などの大見出しは左端から，1〜3文字下げて小見出しを書く。さらに1〜3文字を下げて，内容の箇条書きをするというように種類ごとに書き出しの位置を決めているのです。このような書き方も1つの参考例として提示することで生徒がノートを書く力は向上します。

■ 法則2　う　写す必要がなければコピー

　たとえば，演習ノートでは問題部分を，地歴・公民などの知識をまとめるノートでは地図や資・史料をコピーして貼るのも1つの手法です。東大受験は科目数が日本一のため，多くの科目を勉強するためには，ただコツコツ書いているのでは時間が足りないため，このような工夫がされているのだとか。あなたの目の前の生徒が東大を受験するわけではなくとも，十分役立つテクニックだとは思いませんか。

　応用編として，授業を欠席したときにも，ノートは友人のコピーを貼り，色付け等をすればよいと考えるタイプです。写すことが目的になってはならず，時間効率を考え，なるべく生徒が学習しやすいノートづくりをしてもらうことに時間を費やしてもらえるように努めています。

04 高校生としての「ノートの活用法」を伝える④

ココだけは押さえるポイント
....

「具体的なノート術」を伝えていく

ノートづくりの「正しい努力」をさせる

■ 法則3　だ　大胆に余白をとる

　これは前述していますが，大切なことなので繰り返し書きます。ノートの余白を大胆にとるのは，ノートを見やすくするためだけでなく，授業中の教師の解説や復習の際に調べた内容を追記するためです。

　この取り組みを継続することで，知識の穴や弱点を補強し，理解を深めることができます。ノートの余白で，頭の中の余白を埋めていくというイメージでしょうか。

■ 法則4　い　インデックスを活用

　ノート1冊に情報を書き込むと，かなりの量になります。特に，インプット用の授業ノートでは見直しに手間取る場面も出てくるでしょう。

　そこで，それぞれのページの左上などに，単元名などタイトルになる見出しをつけている生徒も多いです。また，最初のページに目次などを作成している生徒や，インデックスシールを使う生徒もいます。そうすることで，いちいちすべてのページの内容をたどらずとも，必要な個所を見つけ出せるようになります。ノートは一度書いて終わり……ではなく，繰り返し使用するという前提であれば，このような工夫はとても有用です。

■法則5 の ノートは区切りが肝心

　日本史の一時代，数学の問題や英語の長文など，ある1つの事柄をまとめる際には，1ページ，もしくは，見開き2ページで区切りよくまとめると，内容が俯瞰できて理解がしやすいです。なお，内容が多すぎて1ページや見開きで収まりきらない場合は，ルーズリーフやノートの切れ端などにあぶれた内容を書いて貼り，ページをまたがないようにする工夫もあります。

■法則6 お オリジナルのフォーマットをもつ

　たとえば，英語の予習のノートの場合，左ページに長文を書き（あるいはコピーを貼り），その下に調べた単語・熟語を書きます。右ページには訳を書き，その下に授業での解説を書き込みます。このように，東大合格生は，何をどこに書くのか，各自が一番使いやすいフォーマットを決めてノートをとっていることが多いのです。

　こうすることで，記入している内容が，予習内容なのか，授業中の解説なのか，復習時の追加知識なのかが明確になるというメリットがあります。

■法則7 と 当然，丁寧に書いている

　東大合格者のノートは，どのページをめくっても筆圧が一定で，文字も同じテンションで書かれています。それは全問記述式で行われる東大の2次試験を見越し，採点者にとって見やすい答案はどういうものなのかを想像しているからです。このように「見やすく書こう」と常に意識することは，受験にも直結する大切なポイントです。

　授業ノートの場合，「時間内に情報量を確保し，見直すときの取りこぼしをできるだけ少なくするため」に必死で書く……という訓練にもなります。丁寧に書こうとすることは，決して無駄な努力にはなりません。

　ここまでお伝えした「7つの法則」すべてを生徒に実践させなくてもいいかもしれませんが，折に触れて伝えることで学習効果は大きく向上します。

05 「プリント学習」で押さえるべきこと

> **ココだけは押さえるポイント**
>
> ## プリントは「第2のノート」

「フォーマット」を揃える

　授業で使用するプリントは，第2のノートと言っても過言ではないほど，授業内容の理解度や習熟度を補助します。もしかしたら，教科書とプリントのみ使用するという授業スタイルもあるかもしれません。ここでは，そのようなプリント学習について，私なりのポイントを2つ述べます。

■プリント学習のポイント① フォーマットを揃える

　まず，ここで言うフォーマットというのは，プリントの大きさ・形のことです。

　教師の気分によって，プリントの大きさがB4判だったり，A4判だったりするのは，生徒にとってちょっとしたストレスです（気にしない生徒もいるかもしれませんが，私が生徒なら気にします……）。加えて，教師側が裁断した独特の形のものも，毎回揃えられているのであればまだしも，その都度変わるのであれば，これもストレスです。

　だからこそ，あらかじめプリントの大きさ・形は揃えるべきなのです。

■プリント学習のポイント② 管理方法を徹底する

　これは，上記のことにもかかわってきますが，プリントのフォーマットを

揃えることで，生徒がプリント管理をしやすくするというねらいがあります。教師が配付したプリントを2穴ファイルに綴じさせるのか，クリアファイルに入れさせるのか，はたまた，ノートに貼らせるのか。その指示を徹底します。これは年度当初に統一することが望ましいでしょう。

　ちなみに，2穴ファイルに綴じさせる場合，私であればプリントを印刷後に必ず穴を開けてから配付しています。この取り組みを「生徒を甘やかしている」と捉えるか，「プリント管理をしやすくする配慮」と捉えるかはあなたの自由です。

年度の「見通し」を立てる

　フォーマットを整えることと並んで大切なことは，プリントを使用する場合，ある程度，年度の見通しを立てることです。

　書式を揃えてナンバリングしたり，「どの時期にどの単元のプリントを作成するのか」ということを考えたりすることで，行き当たりばったりのプリントになりません。プリント同士の関連性が出てくると，生徒がプリント管理を徹底する必要性を感じるようになります。

　これはあくまで私の経験則ですが，教師側が適当に作成したプリントは，生徒の管理方法も適当になります。しかし，一つ一つのことを丁寧に作成したプリントは，教師側の説明も丁寧になり，生徒の管理方法も徹底される傾向にあります。

　このようなメリットを活かすためにも，年度の見通しを立て，計画的にプリントを作成することをおすすめします。

　参考までに，私がPCやタブレットなど，デジタルでプリントを作成するときのこだわりは，ファイル名です。

日付（半角数字）＋【単元名】＋ナンバリング（半角数字）

　こうすると，作成したプリントがフォルダ内で時系列順に並びますし，単元名で検索することも可能です。よろしければ，お試しください。

06 高校生ならではの「グループ活動」①

ココだけは押さえるポイント

「共に学ぶメリット」を活かす

「小・中学校とは違う」ことを認識する

　「アクティブ・ラーニング」というキーワードを耳にするようになって久しいですが，高校においても実践が求められるところです。ただ，現場で働いている一教師として，私自身がどこまで実践できているかどうかはわかりません。そのような苦悩も含め，私が意識していることを伝えます。

　まず，生徒たちは私たちが思っている以上に大人であり，子どもでもあります。矛盾しているように感じるかもしれませんが，高校生にもなると，教師側が盛り上がると思った場面で冷めた反応をしたり，ちょっとしたレクで興奮したりします。上記を意識しつつ，私は準備をしています。

「グループ活動の3STEP」を意識する

　ここで私がグループ活動で大切にしている3STEPを紹介します。

グループ活動の3STEP ①「個々」で学習する
グループ活動の3STEP ② グループ内で「話し合う」
グループ活動の3STEP ③「発表」させる

■グループ活動の3STEP ①「個々」で学習する

　まず，いきなりグループ活動をさせるのではなく，個々の学習時間を設けます。そうすることで，自分の考えや意見をまとめる時間をつくります。

　最初からグループで活動をすると，積極性に乏しい，あるいは，目立たない生徒は何もせずに終わってしまうことも考えられます。だからこそ，自分1人で活動する時間を必ず設けるように，私は意識しています。

■グループ活動の3STEP ② グループ内で「話し合う」

　次の段階は，グループ内で話し合いをもたせます。どのようなテーマのグループ活動であれ，STEP①の個々の学習を行っていれば，メンバー全員が何かしらの意見を述べることができます。

　加えて，たとえ，周囲のメンバーと同じような意見であったとしても，一人ひとりの考えを聞くことの大切さをグループリーダーには伝えます。そうすることで，全員が参加しやすい環境をつくるのです。

■グループ活動の3STEP ③「発表」させる

　グループ内で出た意見や考えをグループリーダーに取りまとめてもらい，それらを発表してもらいます。ねらいとしては，さまざまなグループの発表を聞き，多種多様な考え方があることを知ってもらうことにあります。

　この場では，否定や批判はせず，まずは受け止めるということを全体に伝えます。

　この発表に際して大切なことは，事前にグループリーダーに流れを伝えておくことです。そうでないと，STEP②のグループ内発表の時点で取りまとめることができないからです。教師側が「こういうのは，グループごとに発表するものだ」という先入観があっても，生徒たちはそんなことは知らなかったということもあり得ます。

　上記のような流れをふまえ，グループ活動が効果的な学習活動になるよう，私は努めています。

07 高校生ならではの 「グループ活動」 ②

「共に学ぶ場」へのハードルを下げる

参加しやすい「しくみ」をつくる

あなたが担当しているクラスでグループ活動をさせる場合，グループの分け方はどうするでしょうか（普段，グループ活動をしたことがない方も，自分ならどうするかを考えてみてください）。

ほとんどの場合，座席ごとにグループ分けすることが多いと思います。そのほうが机の向きを変えてつなげるだけで手間がかかりませんし，すぐに活動に移ることができます。ただ，いつもそのようなグループ分けで活動しているとマンネリを感じてしまうので，次のようなアレンジもおすすめです。

■出席番号で分ける

たとえば，5つに分けたいのであれば，出席番号を5で割って，余りが0の班，余りが1の班，……というようにするとばらばらになります。

■くじ引きで決めさせる

生徒に引かせると時間がかかる場合，教師が「これから1班の5名を発表します」と言って，教師がくじ引きを5人分引きます。

あくまで上記は一例ですが，変化を加えることで生徒の活動にも多様性が

出てきます。授業に変化をもたせたいときには活用してみてください。

「個の学習」を活かすために

　先ほど，グループ活動の３STEPをお伝えしましたが，その中の**グループ活動の３STEP①「個々」で学習する**の際に，ぜひ実践していただきたいことがあります。それは，**「書かせる」**ということです。どのような教科・科目であっても，個々の学習時にはノートやプリントに，自分の意見や思考過程を書いてもらい，誰もが客観視できるようにします。タブレットやデジタルツールを用いて学習している場合は，メモアプリなどに入力させます。

　グループで話し合う前に，この生徒各々に「書かせる」ことがとても重要である理由は２つあります。

　１つ目は，**自分の考えをまとめさせる**ためです。いきなり話し合いを始めてしまうと，自分の考えをまとめる前に，人の意見や考えを聞くことになり，自分で考えることをやめてしまう生徒もいます。それでは，時間を割いてまでグループ活動をする意味が半減してしまいます。

　２つ目は，**話し合いの際に発言しやすくする**ためです。生徒によって，人前で発言するのが得意・不得意があります。生徒同士の話し合いでは，すべてのグループに教師が介入できるわけではないため，発言が苦手な生徒は発言をせずに活動が進行することは往々にして考えられます。

　そんなとき，「個々の学習で書いた内容をそのまま発言してください」と生徒全体に伝えれば，発言することに対する心理的ハードルを下げられます。

　このように，誰もがグループ活動に参加できるようなしくみづくりをすることが，ファシリテーターとしての教師の役割であると私は考えます。

　勤務校の状況にもよりますが，限られた時間数で予定された履修内容を終わらせるために，毎時間，余裕をもってグループ活動ができる学校は少ないでしょう。だからこそ，貴重なグループ活動の機会には，ここに書いてあることを意識して，価値のある時間にしていきたいですね。

08 「グループ活動」で準備しておくとよいこと

 ココだけは押さえるポイント

グループ活動は「段取り」が8割

グループ活動で「準備するとよいもの」

　小・中学校に比べ，グループ活動をする頻度自体が高校では少ないかもしれません。だからこそ，その1回のグループ活動を有用な時間にするために，私たちはできる限りのことをする必要があります。

　以下，私が実際に使ったことのある器具とその理由を列記します。

【模造紙】

　グループごとに用意し，学習テーマについてまとめさせます。このようなアナログがよい点は，その場のライブ感とパワーポイントのように事前の入念な準備が不要な点が挙げられます。

【付箋】

　近年，ミーティング手法として注目されているブレインストーミングのエッセンスを抽出し，テーマについて考えられることを各自でひたすら付箋に書かせます。それらを貼り出して意見を出し合う材料にします。最初に個々の作業が入ることから，各々の考えを引き出しやすいアイテムです。

【PC・タブレットやプロジェクター】

　生徒にプレゼンをさせる場合，事前の下調べとともにパワーポイント等のプレゼンテーションファイルを用意させ，その発表時に使用します。前述の模造紙と異なり，事前準備に時間がかかることから，教師側はプレゼンする

日の設定やそこまでの準備期間を考える必要があるでしょう。

【感想用紙】

　これは紙に書かせるようなアナログでもデジタル端末を通してでも構わないのですが，他のグループの発表を聞く姿勢を養成するためのツールです。

【ワークシートやプリント】

　その学習テーマにおけるワークシートやプリントを用意すると，特別感が演出できます。

【カメラやボイスレコーダー】

　せっかくの機会なので，生徒たちの活動の画像や音声を記録しておくと，後々に何かで使えることも……。私はホームルームでのグループ活動の画像を学級通信等で使用しています。

　ここに挙げたすべてが，あなたの授業に合うかはわかりませんが，使えそうなものがあれば，参考にしてみてください。

グループ活動における「教師の心得」

　通常授業では，ある程度，教師側が方向性を示して授業を進めることができます。しかし，グループ活動においては，教師側が意図していない方向に議論が進む場合もあります。

　そんなとき，教師がリーダーシップを発揮して想定したゴールへ向かわせることもできますが，私の考えは違います。

　グループ活動における教師の役割は，**ファシリテーター**のようなものです。それぞれの意見を活かし，想定しているゴールに導くことだけに尽力しないほうが，思わぬ気づきや学びを得ることができます。

　これは自戒の念を込めて書いていますが，私たち教師はどうしても生徒をコントロールしようとする心理的なクセがあります。そのような名ばかりのアクティブ・ラーニングではなく，これからは個々の生徒の意見・考えを活かすための力量が，私たち教師にも試されているのかもしれません。

6章

課題・テスト

―「評価の基準・方法」 を明確にする

01 課題とテストの「共通点」と「違い」

ココだけは押さえるポイント

成績をつける課題とテストの「違い」を知っておく

課題とテストにおける「共通点」

　授業内で出す課題，そして，定期テスト。この2つは，どの教科・科目においても成績を算出するための材料として用いられます。

　ここでは，その2つの共通点と違いについて，改めて考えてみます。まずは，共通点についてです。

■共通点① 「理解度」を確認する

　課題も定期テストも，授業や家庭学習でインプットした内容を，生徒にアウトプットさせる場です。結果だけでなく，生徒の理解度を把握するためには，その過程を見る力があなたには求められます。

　担当するクラスの大半の生徒が，ある分野について理解度が極端に低い場合，アフターフォローする必要もあるでしょう。

■共通点② 客観性のある「成績処理の材料」となる

　上記にもあるように，課題も定期テストも成績処理のために用いられます。そのため，私たち教師は客観性・公平性が求められるということを意識しなくてはなりません。ごくまれに，生徒・保護者とのトラブルに発展しやすいのは，そのような客観性・公平性が著しく損なわれるときです。

課題とテストにおける「違い」

次に，私が考える「定期テストと課題の違い」を述べます。

■違い① 定期テストでは「実力」を見る

定期テストでは，「限られた時間内でインプットしてきた内容をいかにアウトプットできるか」を求められます。

これは，模擬試験同様，一般入試で必要な実力を養成するための場とも言えます。模擬試験に比べると，試験範囲が限定されているため，比較的学習しやすいということはありますが，定期テストではその生徒の実力を見ることができます。

ただ，テスト前日の一夜漬けで付け焼刃的な学力を身につけてしまう生徒が一定数いることも事実ではあります。

■違い② 課題では「努力」を評価する

定期テストでは，その場そのときの実力が見られるのに対し，課題は時間をかけて取り組むことができることから，その生徒自身の努力を評価として換算することができます。

たとえば，問題集の指定された範囲を解いてくるような課題において，どうしても解くことができなかった問題は，解答・解説を見ながらでも解いてきたことは評価に値します。

特に，定期テストで点数がとれない生徒には，努力が点数化される課題だけでもしっかりと取り組むように，私は伝えています。このように根拠とメリットを伝えたほうが，頭ごなしに「提出しなさい」と伝えるよりも，生徒の提出率が高いような気がします。

上記のような共通点と違いを意識し，生徒への声がけをしたいものですね。

02 「課題」で押さえたい 3つのポイント

ココだけは押さえるポイント
....

「誰でも」取り組みやすい環境を整える

栗田流「課題の3つのポイント」

前職の塾でも，家庭学習の重要さは嫌というほど痛感してきたため，高校という教育現場に入った今でも，いかに生徒に課題に取り組んでもらうかということを模索しています。

授業中，生徒に提出を要する課題を出題する際，私が意識していることは以下の3つです。

■課題の3つのポイント① 内容を「明確に」提示する

課題を提示する際，どの生徒もわかるように明確に提示します。本書を手に取るようなあなたであれば，当たり前のように行っていることかもしれませんが，公平性を保つためには必要なことです。

教科書や問題集から課題を出題するのであれば，ページ数や問題番号（除く問題があればそれも）を提示します。プリントから出題するのであれば，どのプリントなのかをナンバリングして明確に伝えるべきです。

評価方法のところでも詳しく述べますが，課題範囲をしっかりやっていないことで減点する方針であれば，あなたの提示の仕方に問題があったときに生徒に示しがつきません。

当たり前のことを当たり前にやる。これを意識していきましょう。

■課題の３つのポイント② 必ず「提出期限」を設ける

　あなたが実際の教育現場で教壇に立っているのであれば，「この課題は，いつ提出してもいいよ」というような提示の仕方はしないでしょう。

　提出期限を設けるのには，明確な理由があります。上記のような提示の仕方では，生徒は「時間が余ったときにやろう……」と考えてしまいます。しかし，自分自身のことを振り返ればわかると思いますが，時間は余りません。

　空白の時間があれば，他のやるべきことで時間は埋まっていくもの。加えて，「期限までに提出する」という習慣は，小学校時代から培われてきているはずです。いずれ，進学先の出願書類も出願期限内に提出する（あるいはオンラインで申し込みをする）ことを見据えて，期限内で提出できるように促していきたいものです。

■課題の３つのポイント③ 客観的な「評価方法」を生徒に伝える

　私は，課題を提示する際，合わせて評価方法も伝えています。私の専門教科は数学です。課題として，以下のような手順で伝えます。

（１）教科書の傍用問題集の範囲を問題番号で提示します
（２）わからない問題があった場合には，解答・解説を見て解いて構わないことを伝えます
（３）提出期限を伝えます
（４）指定範囲がすべて解いてあれば満点を与えることを周知させます

　このように，課題範囲と期限，評価方法をセットで伝えているのです。ほとんどの場合，課題範囲と期限は伝えられている方が多いのですが，評価方法が抜けてしまう方もいます。この（４）を提示することで，生徒の取り組みが変わる場合もあります。教師側の着眼点を伝えることも大切だと認識しましょう。

03 具体的な「課題評価」の方法

 ココだけは押さえるポイント

課題を「活かせる環境」づくりをする

担当者間で「統一」する

　高校でよくあることとして，たとえば，数学Ⅰの担当者が１～３組はA先生，４～６組はB先生，７～８組はC先生というように，同じ教科・科目を複数の教師で受けもつことがあります。

　上記の例で言えば，生徒に同じ課題を出したにもかかわらず，A・B・C先生のそれぞれで評価基準や評価方法が異なるのは好ましくないと考えます。

　それぞれの先生の指導方針やこだわりがあるのは構わないのですが，同じ課題を出すのであれば，評価基準を統一しておくというのがリスク回避という意味でも徹底したいところです。

　なぜ，こんなことを書くのかと言えば，生徒は授業担当教師を選ぶことができないからです。A先生の評価は甘い，C先生の評価は厳しい……というような評判は，生徒間ですぐ広がります。それだけで済めばまだしも，その現状を生徒の保護者から担任にクレームとして挙げられるようなことは，現実として十分考えられる状況です。

　同じ教科・科目の担当者同士，日頃から授業進度や理解度，生徒たちの状況についての情報共有をしつつ，課題等の評価についても客観的な視点で，誰しもが平等に評価できるようにしておくことが重要です。あなた自身の熱意・こだわりは大切にしつつ，押さえるべきところは押さえていきましょう。

課題の「もう1つの目的」

先ほど，「客観的な視点で評価する」ということについて触れましたが，具体的には，次のようなことをチェックするとよいでしょう。

□**指定された範囲（プリントであれば枚数）ができているか**
□**指示された内容（丸付けをする・記入方法など）ができているか**
□**生徒本人で取り組んでいるか（筆跡など）**

上記はあくまで代表的な項目ですが，イラストや何色ものカラーペンを使って見やすく装飾してあるから＋αの点数を与えるというようなことは，私は奨励していません。

もちろん，生徒の熱意は評価に値しますが，その装飾すること自体が目的となり，本来の目的である理解や習熟が疎かになってしまうような危険もあるからです。そのような頑張りは加点ではなく，口頭や課題のフィードバックコメントなどで伝えるとよいでしょう。

また，これは私の勤務校だけかもしれませんが，課題がもつ，もう1つの役割として平常点の確保があります。つまり，定期テスト等で点数が取れない生徒を救済するために，課題という客観視できるもので平常点を確保しておくという考え方です。

この考え方には賛否両論あるということは承知していますが，生徒の中には努力をしても定期テストで点数を取れない生徒もいることから，このような教師側の配慮をするようにしています。

定期テストの勉強を頑張るのも，課題を頑張るのも，いずれもその生徒本人の努力です。その努力を，少しでも還元するという考え方もある……ということだけでも，頭の片隅に置いておいてください。

04 「テスト」で押さえたい 3つのポイント

ココだけは押さえるポイント

テストでは「リスク回避」を徹底する

実態に即した「難易度設定」をする

テストの難易度というのは，教師の永遠のテーマとも言えます。その点数によって生徒の成績が決まってしまうだけに，その難易度について考えることはとても大切です。私が定期テストを作成する際，重要視していることは**目の前の生徒の理解度・習熟度に即した難易度設定をする**ということです。

あなたが熱心な教師であればなおさら，生徒たちに到達してほしいレベルという理想があるのは重々承知です。しかし，理想ばかりを追い求めてしまうとテスト採点時に我々も生徒も痛い目を見てしまいます（そんな経験がある方はいませんか）。

教科・科目担当者間で，事前に目標平均点を設定し，その点数になるべく近づけられるようにするには，目の前の生徒に即した難易度設定ができなくてはなりません。

ただ単に，テストの難易度を下げる（上げる）のではなく，その単元で必ず押さえてほしい内容を盛り込みつつ，問題のレベルに緩急をつけられることが教えるプロとして求められます。

加えて，1問1問について，「なぜ，その問題を出題するのか」という意図がわかるようにしなくてはなりません。あなたにとっては，何回もつくってきたテストかもしれませんが，生徒にとっては貴重な1回なのです。

テストを「生徒目線」でチェックする

　次に重要なのが，定期テストを生徒目線でチェックするということです。中学・高校のように，各々の教師の専門教科については自然と専門的な知識の上でテストを見てしまいます。

　しかし，我々が当たり前だと思う表現でも，生徒から見てみると理解しづらかったり，不自然だったりすることもあるのです。

　では，具体的にどのようにして生徒目線でチェックすればよいのでしょうか。私が意識しているのは，「自分が授業を担当しているクラスの中で，一番理解度が低い生徒が読んで意味がわかるのか」ということです。

　これは問題を解けるかどうかではなく，問題に書いていることの意味がわかるのかという点について言及しています。もちろん，生徒の理解度が低ければどのように出題しても意味がわからないということはありますが，問題をチェックするときの意識のもち方の一例として挙げています。

　また，同じ教科・科目を複数の教師で担当している場合，事前に採点基準を統一しておくことが重要です。

　問題の出題者の意図を共有した上で，

・なぜ，この問題ではこの解答が正解（不正解）なのか
・ここで部分点を与える意味は何か
・配点バランス

などを，お互いで確認します。それから採点を行わないと，各々の勝手な採点基準で採点した後，改めて採点の手直しをすることにもつながります。

　最初は手間だと思うかもしれませんが，その後に起きる問題点を解消するためにも，採点基準の確認・統一は早い段階でしておきましょう。

05 【栗田流】「テスト作成」の手順

 ココだけは押さえるポイント

テストでは「押さえるべきポイント」がある

「バランス感覚」をもって作問する

　教科・科目によって，さまざまな実情があるかと思いますが，ここでは私が定期テスト作成時に意識していること・実践していることを紹介します。

　先ほど，テストの難易度について触れましたが，大切なことなので繰り返しになりますが，改めて書かせてください。

　テストの作問時にはバランス感覚をもつことが重要です。私の場合，次のような問題バランスを意識しています。

①教科書・テキストの基本問題レベル（全体の40%）
②教科書・テキストの実践問題レベル（全体の40%）
③応用問題レベル（全体の20%）

　①の基本問題レベルの割合が40%なのが多く感じる方もいるかもしれません。ただ，私の勤務校の定期テストの赤点の基準が29点以下のため，そのあたりも配慮しての問題バランスになっています。

　この割合については，あなたの勤務校の実態に即したものにすればよいと思います。ここでお伝えしたいことは，このように問題のバランスを考えた作問をしていただきたいということなのですから。

必ず一度「紙」で解く

　ここからお伝えすることは，初任者には必ず伝えている内容です。それは，パソコンやタブレットなど，**デジタルベースで作成したテストをプリントアウトし，紙ベースで一度解いてみる**ということです。大きく分けて，理由は２つあります。

■問題文のミスを発見しやすい

　一度やってみるとわかるのですが，あれほどパソコンの画面で確認したにもかかわらず，実際プリントアウトしたものをチェックすると，ちょっとしたミスが見つかることがよくあります。これは，限られたスペースの画面に比べて，紙のほうが全体を俯瞰できるということも理由の１つだと考えられます。

■解答スペースの確認ができる

　生徒と同じように，思考する過程や計算式などを書いてみると，テスト用紙のスペースについてもチェックすることができます。私自身，思ったよりもスペースが狭いということで余白を多めに設けたことは１度や２度ではありません。

　少し話題はそれますが，デジタル全盛のこの時代でも，いまだにこのような本の原稿は，一度，ゲラという本の下書きのような形にしてプリントアウトしたものを用いてチェックするという作業をしています。

　それくらい，アナログベースでのチェックの有用性は高いと私は身をもって感じています。たしかに，画面上で問題も解答も作成ができる時代にはなりました。しかし，ほんの些細なミスが大きな問題に発展する定期テストにおいては，このような手間を惜しんではいけないと私は考えています。

06 「テストの採点」について 意識しておきたいこと

 ココだけは押さえるポイント
....

採点は「慎重すぎる」くらいでちょうどいい

「手書き」採点と「マークシート」採点について

　高校で実施される定期テストの採点方法は，大きく分けて手書き採点とマークシート採点の2種類があります（コロナ禍では，オンライン上で実施するテストがあるかもしれませんが，ここでは省きます）。それぞれのメリット・デメリットについてお伝えします。

■手書き採点
○メリット○

　生徒の解答から考えた過程を読み取ることができます。途中式や思考過程から部分点を設けやすいのも，大きな特徴です。また，記述方式の大学入試を意識した採点基準を設けることもできます。生徒が小・中学校で行ってきた，いわゆるペーパーテストはこの形式が多いでしょう。

△デメリット△

　採点をするには，とにかく手間がかかります。教科特性によるものもありますが，定期テスト期間になると，夜遅くまで残って採点する姿は定番といえば定番です。

　しかし，問題出題方式や解答方法などを少しでも工夫することで，採点効率を上げることを視野に入れてもよいのではないでしょうか。

■マークシート採点
○メリット○

定期テストの解答をマークシート用紙に記入させ，カードリーダーを通してコンピューターに採点をさせる方法です。採点の圧倒的な時間短縮，そして採点ミスがほぼないというのが大きな特徴です。大学の共通テスト対策になるというのも忘れてはいけないメリットですね。

△デメリット△

実際に，この採点方式を実践している方ならわかると思いますが，採点が楽なだけに，記述式のテストに比べて，問題作成に慎重さが求められます。なぜなら，マークする箇所と解答個数が合っていなければなりません。

加えて，事前にコンピューターに正解の登録をする際にも，順序が逆になっても得点を与えたり，この部分とこの部分はセットで〇点というような設定をしたりすることが重要になります。採点が手短に終わる分，事前の綿密な準備が必要であるということを念頭に置いておくとよいでしょう。

「テスト返却時」の注意点

これは勤務校の実態にもよると思いますが，テストは採点をして終わりではありません。一番気をつけなくてはいけないのは，テスト返却時の不正行為です。具体的に言えば，答案の書き換えですね。

防止策としては，**すべての答案を縮小コピーでとっておく**，あるいは，**「答案はすべてコピーしてあるので，採点について修正箇所がある人はいったん預かってコピーと見比べてから返却します」**というようなアナウンスをするという方法を私は実践しています。

なぜ，私がそこまでするのかと言えば，不正行為を防止するということに加えて，**ばれないように不正行為をした生徒を見ていた生徒が嫌な思いをしないため**です。真面目に取り組んでいる生徒の気持ちになり，教師が先手を取っておくということも大切なプロの仕事だと認識しておいてくださいね。

07 テスト前の「質問対応」について①

 ココだけは押さえるポイント

「メリット・デメリット」を押さえる

「質問対応」のメリット・デメリット

　普段の休み時間や放課後に比べて，定期テストの2週間前くらいから生徒の授業内容について質問が増えます。理由としては，定期テストでよい点を取るためではありますが，「熱心な生徒が増えてうれしい」と呑気に構えていると，思わぬ落とし穴が待っています。

　そんなちょっと天邪鬼な私が考える，質問対応についてのメリット・デメリットについてまとめておきます。

■質問対応のメリット

　基本的に，学習意欲の高い生徒が質問に来るため，その気持ちに応えてあげることで生徒の勉強に対するモチベーションが上がります。授業に比べて，個々の生徒に丁寧な対応ができるというのが大きなメリットです。

　また，生徒の質問内容から，「授業のどこで生徒がつまずきやすいのか」というフィードバックがもらえるというのもメリットの1つと言えます。

■質問対応のデメリット

　質問対応の中で，一番気をつけなくてはいけないことは，生徒が「授業を聞かなくても質問に行けばすべて教えてもらえる」という考え方にならない

ようにすることです。

　普段の授業や家庭学習をしっかりと取り組んだ上で質問に来るのはわかるのですが，個人の努力をせずに質問に頼るという考え方には問題があります。

　あなた個人が気をつけていたとしても，前年度，同教科の別の先生がそのように生徒対応をしていると，あなたにも質問に来るため，教科全体で共有しておいたほうがよい事項でもあります。

「他教科」については教えない

　あなたの専門教科が数学だったとしましょう。放課後，生徒の数学の質問に答えた後，「先生，時間があるならこれも教えてください」と，初歩的な物理の質問をしてきたとしたら……，あなたはどうしますか。

　たとえ，あなた自身が答えられる初歩的な質問であったとしても，私なら「それは理科（物理）の先生に聞いてね」と答えます。

　その理由は**リスク回避**のためです。たとえ，どんなに初歩的な質問だったとしても，他教科の授業内容についてあなた自身が把握できていなければ勝手なことを伝えないほうが無難です。

　もし，自分の教えた内容と授業内容が異なっていたとしたら……。定期テストであなたが教えた間違った内容を書き，点数が取れなかったことを言及されたとしたら……。何もそこまで考えなくても……と思うかもしれませんが，質問対応は個別対応だからこそ，何か問題が起きたときにはすべてあなた1人の責任問題になります。

　質問対応という，せっかくの学習意欲向上のチャンスをあなたのピンチに変える必要はありません。

　「これくらいなら……」という甘い気持ちに負けず，リスク管理ができる教師になってほしいと私は考えます。このような細かいことにこだわるのは，私が塾講師時代にリスク管理について徹底的に叩き込まれたという背景があります。よろしければ，参考にしてみてください。

08 テスト前の「質問対応」について②

 ココだけは押さえるポイント

「ほめ方」をマスターする

すべては「理解すること」から始める

　休み時間や放課後に質問に来た生徒には，適切なフィードバックを与えることと同じくらい，ほめることが大切です。

　私の好きな本で，和田裕美さんの著書『人づきあいのレッスン―自分と相手を受け入れる方法』（ダイヤモンド社）の一節にこんな言葉があります。

「話すことは理解の始まり，話さないことは誤解の始まり」

　相手が何を考えているのかは，話してみないとわかりません。一度話しただけではわからないことがほとんどです。質問対応の中で会話を重ねることで相手を理解しようとするのです。

　そして，「話し上手は聞き上手」という言葉があるように，相手の気持ちを理解するためには聞くこと，これがコミュニケーションの基本となります。

　それがよくわかる事例をここで１つ。私が塾に勤務していた際，入塾しようかどうかを迷って相談に来た保護者に対しては，とにかく子どもや家庭の様子を聞くことに徹していました。

　塾のシステムなどを話すのはニーズを把握した上で，一番最後に軽く話すようにしていたのです。そのようなスタイルのほうが，入塾していただける

確率が高かったことから、「聞くこと」の重要性を実感しました。

　つまり、誰だって自分の話を聞いてほしいのです。これを意識するだけで、生徒からの意欲・関心が大きく向上します。

　また、「よく聞く」と同時に、生徒を「よく見る」ということを行うと相乗効果で生徒からの信頼がアップします。

　この「よく見る」というのは、その生徒のよいところを見つけてほめるということです。テストの点数がよく、成績がよい子はほめやすいものです。

　そうではない子に対しても、ノートのとり方が上手だったり、意欲的に質問してきたり、授業中の話を聞く姿勢がよかったりしたことを見つけ、ほめるのです。

ほめることが織りなす「正のスパイラル」

　これは普段から意識していないとできることではありません。そうすることで、「この先生は私を見てくれている」と生徒は思うようになり、話をしてくれるようになるという好循環を生み出します。

　「そんなにうまくいくはずがない」と思う方は、このことを実践してからでも遅くはないはずです。さまざまな分野で成功している方は必ずほめ上手だとよく言われています。

　これは、「他人を認める」という資質が、人の上に立つ職業には必ずなくてはならない資質であるとも考えられるからではないでしょうか。

　決して難しいことではありません。ただ、生徒の話に耳を傾け、生徒のことをよく見ることさえできればいいのですから。

　特に、質問に来る生徒はただでさえ意欲が高いわけですから、このような対応をすることで、さらに生徒の意欲は向上します。

　人は意識しないと欠点ばかりに目が行ってしまいます。だからこそ、ほめるためには「よいところを見る」という意識をしなくてはならないのです。ぜひ、これまで以上に生徒の様子を注意深く見守るようにしてみてください。

09 テスト前の「質問対応」について③

質問してきた生徒への大切な「一言」

質問してきた生徒に対して必ず言ってほしい一言があります。それは，**「こういうことでいいかな?」**というフレーズです。どういうことかというと，生徒の質問内容を確認するのです。確認するのは，質問してきた生徒とあなたの認識のズレをなくすためです。

ファミリーレストランでオーダーした後に店員さんが注文を繰り返すように，お互いの意思・認識にズレがないかを確認するのです。あなたと生徒の理解度や認識を，チューニングするイメージですね。

あなたと生徒との質問内容を確認するのは，実は2つの理由があります。1つ目は，**時間のロスをなくす**ためです。生徒の質問に対して，あなたがいろいろ答えた後に，「いやいや，そういうことじゃなくて……」と言われることほど，悲しいことはありません。すべてが無駄になるとまでは言いませんが，答えるのに費やした時間も無駄になってしまいます。

2つ目は，**あなたへの信頼を失墜させない**ためです。学生時代，同じ授業クラスメンバーの質問に対して，ピントがズレている答えを長々と話す教師を見て，「?」と思ってしまった経験がありませんか。

こんな悲しい状況を生み出さないためにも，必ず質問内容を確認するクセをつけることを強くおすすめします。

「アイメッセージ」で伝える

　相手の質問の意図やニーズをつかんだところで，次にすべきことはその質問に対する回答や説明ですが，そこで私が意識しているのは，**アイメッセージで伝えること**です。

　アイメッセージとは，「**私はこう考える**」「**私はこう思う**」というように，アイ（Ｉ），つまり私を主語として伝える話法です。

　アイメッセージで伝えるメリットは，大きく２つあります。

■発言に責任をもてるようになる

　「私」を主語として伝えることで，一つ一つの発言に責任をもてるようになります。本書を手に取るようなあなたは，プロの教師としていい加減な発言はしないと思いますが，このアイメッセージを使うことで，さらに発言に対して意識が高まります。

■相手に対して命令口調にならない

　たとえば，生徒からの数学の質問に対して，次の２つの言い方を見比べて，聞き入れやすいと思われるのはどちらでしょうか。

　①「この公式を使いなさい」
　②「この公式を使うほうがいいと私は思うよ」

　いかがでしょうか。私が生徒であれば，②のほうが使ってみようという気になります。心理学的に，人間は自分以外の誰かから強制されることよりも，自分で思いついたことのほうが行動しやすいという事実があります。

　つまり，アイメッセージによって，生徒本人が思いつき，行動に移しやすい工夫をしているのです。

10 テスト前の「質問対応」について④

ココだけは押さえるポイント
....

「根拠」をはっきり伝える

「なぜならば」を口癖にする

納得できる，あるいは，説得力のある説明には，必ず根拠が添えられています。

たとえば，

「学習効果を上げるためには単指示が効果的です。**なぜならば，人は同時に２つ以上の行動をすると集中力が落ちるからです**」

「暗記科目を勉強するのに適しているのは就寝１時間前です。**なぜならば，睡眠中に脳内情報が整理されるため，入眠直前の内容は印象に残りやすいからです**」

というように，根拠をセットで伝えることで腑に落ちやすくなるのです。

このような言い回しを自動的にできるようにするには，「なぜならば」を口癖にするようにすればいいのです。「なぜならば」，このフレーズを口癖にすることで，あなたは根拠を説明せざるを得なくなるからです（このように，です）。毎回つける必要はありませんが，このような意識をもつことで，あなたの説明の質は確実に向上します。ぜひお試しください。

「わからない」と言える勇気をもつ

　生徒からの質問に対応していると，まれに私たちの想像を超える難問をもち込んでくる生徒がいます（教師として圧倒的な知識量があるあなたはこの部分は読み飛ばしてもらって構いません）。

　どんなに考えても正解がわからない，あるいは，どうやって説明していいのかがわからない……。そんなとき，あなたはどうしますか。

　①適当にごまかす
　②正直に「わからない」と伝える

　私であれば，②を選びます。教師として，ましてや，専門教科について「わからない」と生徒に伝えることを恥，あるいは，屈辱として捉える教師もいるでしょう。

　とはいえ，適当なことを言ってごまかしたり，もっと言えば，間違っている内容を教えたりすることは，長期的に見ると，生徒からの信頼を失うことに直結します。

　教師だって，完璧ではありません。わからない問題の1つや2つはあるのです。大切なのは，そのような難局に直面したときのあなたの対応です。

　先ほど，私は②**正直に「わからない」と伝える**を選ぶと書きましたが，このフレーズには続きがあります。

　「今すぐには答えられない（説明できない）けど，しっかり調べて，後日教えますね。少し時間をください」

　このように伝えられて，「この教師は頼りない」とは思わないでしょう。むしろ，真摯に対応してくれることに好感を抱く生徒がいるかもしれません。

　たかが質問対応，されど質問対応です。あなたであれば，このような学習意欲向上のチャンスを積極的に活かせる教師になれると私は信じています。

11 自分の授業を「客観視」する

「みんなの意見」は案外正しい

　以前，私がある高校で勤務していた際，授業力向上のために生徒への授業アンケートを実施する機会がありました。

　簡単に内容を説明すると，板書の見やすさや説明方法，生徒への対応などについてA〜Eで評価を記入するというものです。

　当時，このアンケート自体を好ましく思わないベテラン教師もいましたが，むしろ，私はその結果を楽しみにしていました。

　なぜなら，その授業アンケートは無記名での実施だったため，生徒の生の声が目に見えたからです。自分の授業について，「ダメな部分はココ」「よいところはココ」というように明確にわかる授業アンケートは，成長の糧となります。

　このような授業アンケートについて，「生徒のご機嫌をとっている教師の評価は高い」と考えている方もいるようです。しかし，よくよく考えてみればわかる通り，板書や説明，授業のわかりやすさや取り組みやすさ，やる気の出る意識づけなど，授業の質と生徒からの人気は異なるものであり，私たちが考えている以上に生徒はシビアに見ています。

　私はその勤務校から離れた今でも，時折，同様の授業アンケートを実施し，自分の授業を客観視するための材料にしています。

「良薬は口に苦し」を忘れない

　このような授業アンケート結果を見ると，どうしても自分の授業へのよい評価にばかり目が行ってしまう私ですが，実は，授業力向上のヒントは自分が至らない点に隠れています。

　生徒のことを考え，できる限りの準備をして臨んだ授業について，低い評価をもらうことは悔しかったり，心外だったりする気持ちはよくわかります。

　ただ，その気持ちをグッと抑えて，生徒からの生の声を素直に聞き入れてみましょう。教師に対し，わざわざ言いづらいことを伝えてくれるということは，**それだけあなたの授業に期待している**ということです。その声を次に活かせば，さらにあなたの授業がよくなると信じているということです。

　というような意識のもと，私は授業アンケートで至らなかった点について，付箋などにメモして板書案を記したノートに貼るようにしています。こうする理由は，自分に都合の悪いことは忘れやすいですし，すぐ目に留まるところに貼ることで常に意識するようになるからです。

　同じように授業をしていても，学年やクラスによってアンケート結果は異なります。そのフィードバックを活かすことで，そのクラスに合った授業スタイルを構築するのが，私なりのこだわりです。このような取り組みを継続したことで，今の私があるのです。

　今でも記憶に残っている面談のワンシーンがあります。それは，三者面談中，初めて担任となった生徒の口から，「栗田先生の授業はわかりやすいと兄から聞いていました。だから，担任になると聞いたとき，すごくうれしかったです」ということを言われた瞬間です。

　このように，地道な授業力向上の取り組みが，思わぬかたちでクラス運営によい影響を与えることもあるのです。

　「良薬は口に苦し」ということを忘れず，生徒からの生の声をあなたの血肉としていくことが，あなたの授業力向上の一番の近道なのです。

おわりに

「with コロナ」は，教育変革のチャンス。

　私が論じるまでもないことですが，コロナ禍を経て，教育業界は大きな変化を求められています。

　現状の教育現場には，**変えたほうがよいこと，変えないほうがよいこと，**それぞれあります。とはいえ，国や地域，はたまた，学校の教育改革には時間がかかるのは事実。しかし，あなた自身やあなたの授業を変えることは，まさに今，この瞬間からでもできることではないでしょうか。

　さて，ここで4つの感謝を述べさせてください。まず，今，本書を手にしてくださっているあなたに。次に，共に本書をつくり上げた担当編集者の茅野現さんに。そして，これまで私と共に学び合ってくれた，すべての生徒に。最後に，私の知見を凝縮した本書を執筆するための時間を与えてくれた家族に。このどれか1つが欠けても，本書が生まれることはありませんでした。

　本書のご感想やご意見は，プロフィール欄記載のアドレスまで，お気軽にどうぞ。私はすべて本気で読みます。

　どのような時代になっても，教師の根本となるのは**授業力**です。その根本となる授業力を**時代や生徒の変化に合わせ，共にアップデートしていきましょう。**

2021年2月　栗田正行

【著者紹介】

栗田　正行（くりた　まさゆき）

一度は憧れて教員になるも理想と現実とのギャップに耐えられず退職。飲食業を経て，塾講師へ転身。教室責任者として，授業スキルだけでなく，社会人としての考え方，効率的な働き方，子どもから大人まで対応できる幅広いコミュニケーションスキルを徹底的に学ぶ。その経験をもとに，今一度教職を選んで現在に至る。書籍や連載の執筆に加え，講演や校内研修講師としても活躍中。実務に即し，再現性がある内容で参加者の満足度は高い。近著に『高校教師の学級経営　最高のクラスをつくる仕事術』『高校教師の働き方　再校の教師ライフを送る仕事術』(明治図書出版)，『いつも人間関係に振り回されてしまう先生へ』(学陽書房)，『できる教師のTODO仕事術』(東洋館出版社) などがある。先生のためのメールマガジン『「教える人」のためのメルマガ』を毎週発信中。https://goo.gl/7uBeuy
本書の感想・講演依頼はこちらまで
→ marronsensei@gmail.com

高校教師の授業づくり
最高の学びを生み出す仕事術

2021年4月初版第1刷刊 ©著　者　栗　　田　　正　　行
2022年1月初版第3刷刊　　発行者　藤　　原　　光　　政
　　　　　　　　　　　　　発行所　明治図書出版株式会社
　　　　　　　　　　　　　http://www.meijitosho.co.jp
　　　　　　　　　　(企画)茅野　現 (校正)㈱東図企画
　　　　　　　　　　〒114-0023　東京都北区滝野川7-46-1
　　　　　　　　　　振替00160-5-151318　電話03(5907)6702
　　　　　　　　　　　　　　ご注文窓口　電話03(5907)6668
＊検印省略　　　　　　組版所 株式会社アイデスク

Printed in Japan　　　　ISBN978-4-18-319126-7
もれなくクーポンがもらえる！読者アンケートはこちらから